「切紙神示」
「たまほこのひ可里」
「八紘一宇の数表」

天皇家 秘伝の神術で見えた日本の未来

王仁三郎の予言
「吉岡御啓示録」
も収録！

出口 恒
Deguchi Hisashi

ヒカルランド

天皇家秘伝の神術で見えた日本の未来　目次

第1部　皇室に隠された重大な真実！

第2部　大本事件と天皇家には深い因縁があった！

第3部　地球を守るために引き起こされた世界大戦！

注釈

付録

1.『霊界物語』から読み解く、太平洋戦争と昭和天皇の真実！

2. 王仁三郎の予言「吉岡御啓示録」

カバーデザイン　重原隆
校正　麦秋アートセンター
編集協力　宮田速記
本文仮名書体　文麗仮名（キャップス）

第1部

皇室に隠された重大な真実！

本書は２０１６年9月10日(土) および11月12日(土)、ヒカルランド7階セミナールームにて『切紙神示と共に甦る孝明天皇の遺勅（予言） 誰も知らなかった日本史皇室に隠された重大な真実』出版記念セミナーとして行われた講演録をまとめ、加筆したものです。

孝明天皇は王仁三郎の出現を予言していた！

皆さん、こんにちは。入口から来た出口です。名前は出口恒《でぐちひさし》といいます。出口に付いている「ひさし（庇）」と覚えてくださいね。困ったときは雨宿りしてくださいね。「本降りになって出ていく雨宿り」にならないように。その場合は、ゆっくりくつろいで。私のことを調べたい方は、ネットで「誰も知らなかった」「出口恒」のキーワード検索で効率よく調べられます。

私の本『誰も知らなかった日本史』の著者名の隣に、飯塚弘明《いいづかひろあき》さんの名前が書かれていますが、この本を制作するに当たって、写真や図表をそろえたりして協力してもらいました。それより私とヒカルランドを結ぶコウノトリの役目をしてくださったのが、飯塚弘明さんなのですね。作家で「王仁三郎《おにさぶろう》ドット・ジェイピー」（オニド）の管理人をされています。熱いハートのガイです。

私は「たまほこのひ可里《かり》」を読み、実際に「切紙神示《きりがみしんじ》」を行い試してみたとき、これはすごいと思いました。幕末の天皇、孝明《こうめい》天皇が日本の未来を予言していたというのです。そんな話は初めて聞きました。それが王仁三郎とかかわっています。孝明天皇が王仁三郎の出現を予言していたというこの史料は、ぜひ世に発表しなくてはいけないと思いまして、2年前から制作が始まりことし（2016年）の6月に、ようやく日の目を見ることになったのです。

この本に出てくる重要なキーワードは3つあります。「たまほこのひ可里」「切紙神示」「八紘一宇《はっこういちう》の数表」。この3つについて解明したものが、この本です。

今から18年前の1998年、平成10年1月19日、この日は出口王仁三郎の50年目の命日でした。1月19日が命日です。その日に、京都府の亀岡《かめおか》にある私の実家で発見されたものがあります。そこは熊野館《くまのやかた》と呼ばれておりまして、出口王仁三郎が晩年過ごしていた場所です。また、王仁三郎の戦後の活動拠点となっていたところでもあります。

そこで50年目の命日に発見されたもの、それが「たまほこのひ可里」という文書です。箱に入っていまして、それは後々「玉手箱」と呼ばれるようになります。

その箱の中に「たまほこのひ可里」という、筆で手書きされた文書が入っていました。著者は、佐藤紋次郎《もんじろう》という人です。この話には重要な人物が、王仁三郎を除くと3人出てきます。１人目は孝明天皇。２人目が、孝明天皇のSPといいますか、警備隊の隊長をしていた旭形亀太郎《あさひがたかめたろう》。３人目が、旭形亀太郎の弟子である佐藤紋次郎です。

佐藤紋次郎は、明治元（１８６８）年生まれで、王仁三郎とほとんど同じ世代です。佐藤は、師匠の旭形亀太郎から、孝明天皇の予言を王仁三郎に伝えろという使命を受けて、大本《おおもと》に入信しています。そして実際に孝明天皇の予言を王仁三郎に話しました。孝明天皇、旭形亀太郎、佐藤紋次郎という人物の手を経て、王仁三郎のもとに孝明天皇の予言が届けられたのです。

時代は今から百数十年前、幕末にさかのぼります。江戸時代最後の天皇であり、平安京こと京都の最後の天皇である孝明天皇が、神様に日本の未来を占いました。黒船がやってきた大変な時代です。その占いの予言に使われたツールが、切紙神示と八紘一字の数表と呼ばれているものです。数表は、玉手箱に全部で10枚入っていました。一番重要なのが、「大本現像」という題名が付いた数表です。

細かいことは本を読んでいただくことにして、数表は9×9の全部で81のマス目がありまず。王仁三郎が書いた『霊界物語』は全部で81巻です。何かリンクしていると感じませんか。そういうことを私は研究し続けてきたのです。切紙神示についても、この本に詳しく書いてありますが、概略を簡単に説明させていただきます。

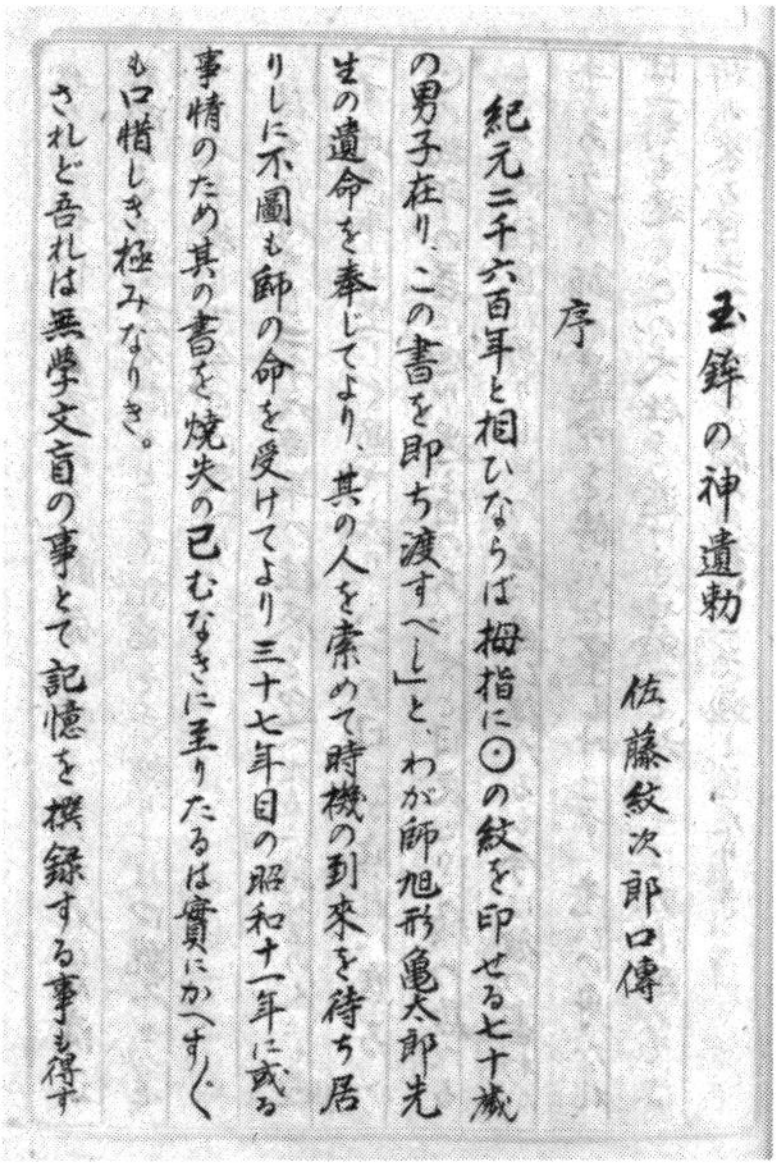
玉鉾の神遺勅　佐藤紋次郎口傳

序

紀元二千六百年と相ひならば拇指に⊙の紋を印せる七十歳
の男子在り、この書を即ち渡すべし」と、わが師旭形亀太郎先
生の遺命を奉じてより、其の人を索めて時機の到來を待ち居
りしに不圖も師の命を受けてより三十七年目の昭和十一年に或る
事情のため其の書を焼失の已むなきに至りたるは實にかへすく
も口惜しき極みなりき。
されど吾れは無學文盲の事とて記憶を撰録する事を得ず

「たまほこのひ可里」序

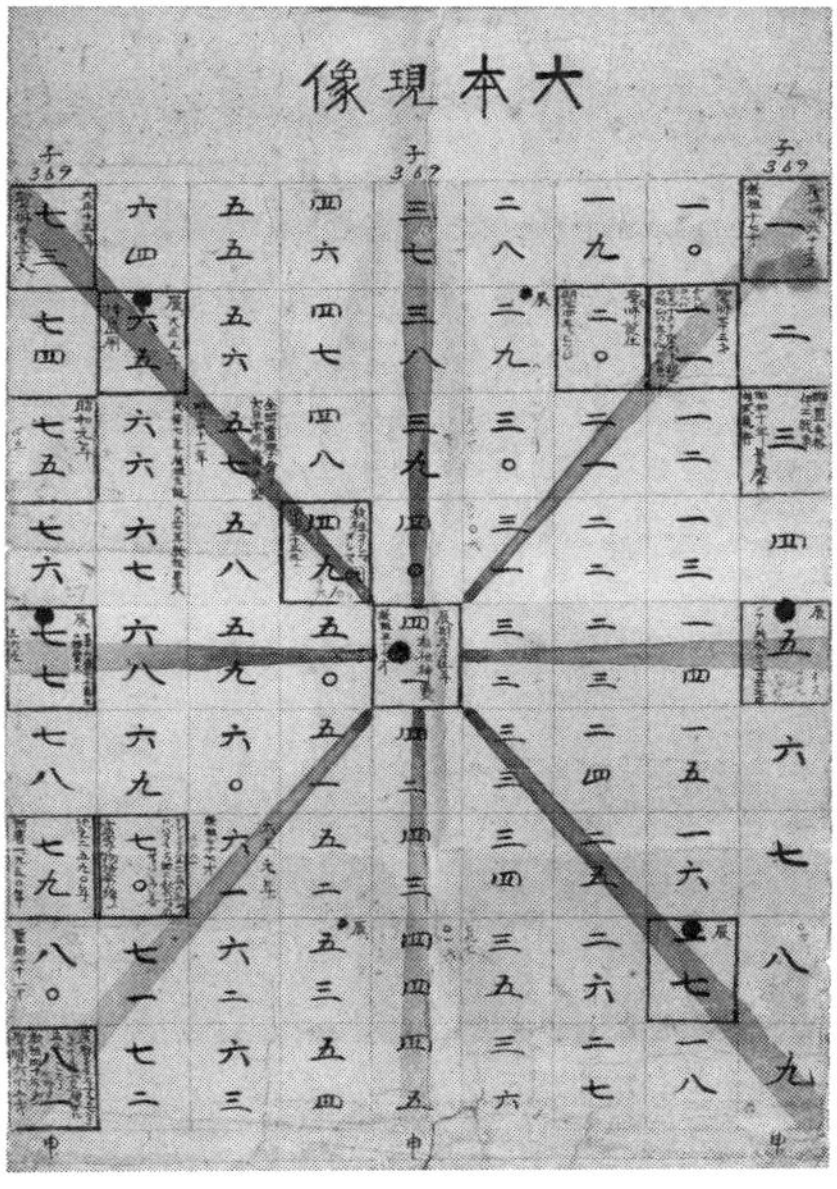

「大本現像」

切紙神示によって日本の未来が予言されていた

切紙神示は、半紙を使います。

まず半紙の角が上の辺に来るように三角に折ります。反対の角も折ります。それから、二等分して紙飛行機のように折ります。折り方は、ホワイトボードをご覧ください（次ページ参照）。

それを頭の中で5等分するようにイメージしてみてください。次に3回折ります。そうすると、⑤の形になります。この一番下にハサミを差し込み、最後まで切り離します。そして展開しますと、9つの紙片があらわれます。

この紙片を並べると、文字ができます。孝明天皇はおそらく、霊感のまにまに自然に手が動いて、紙片が並んでいったんだと思います。いわゆる自動書記みたいなもの

切紙神示の折り方

点線を内側に折る

①
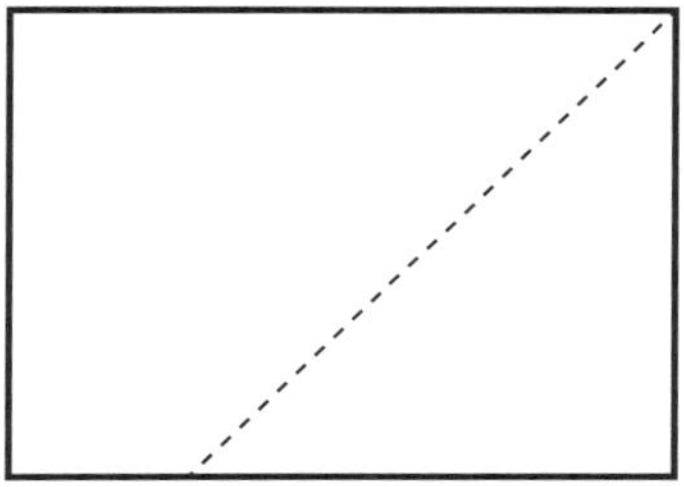

②
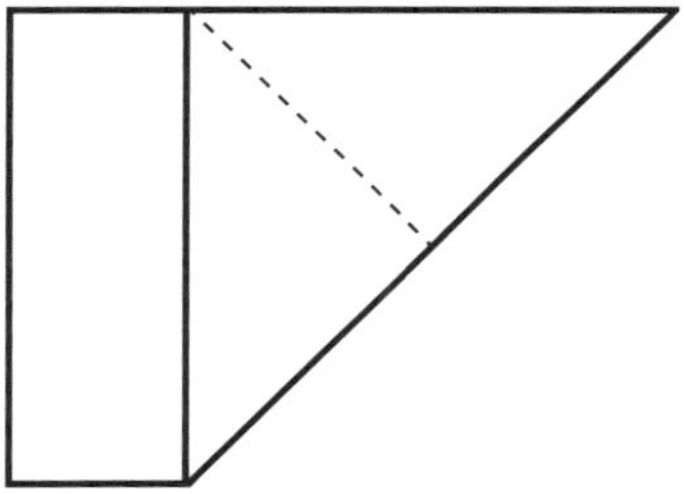

③
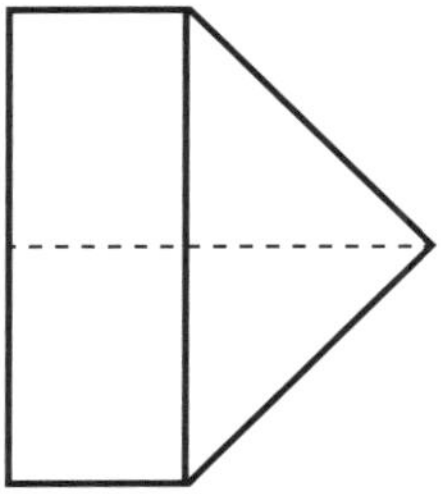

④
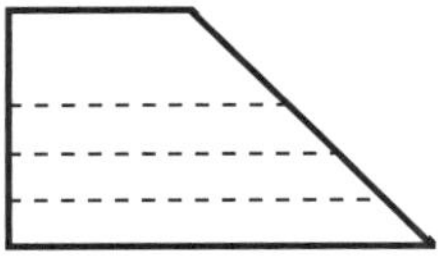

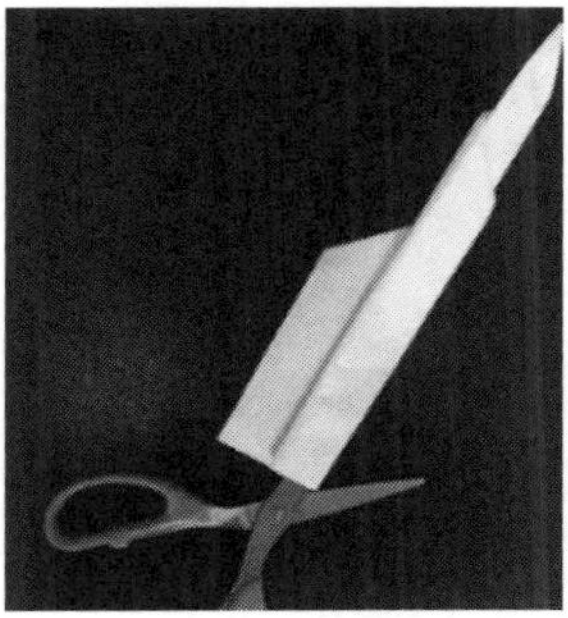

下部をハサミで切り落とす

⑤

ですね。意識的に並べるのではなくて、日本の未来など自分の知りたいことを神様に教えてほしいと祈願しているうちに、帰神したのではないでしょうか。

自動書記みたいに手が動いて次々並べられた文字から、孝明天皇は神様のメッセージを受け取ったのです。そこには恐るべき日本の未来が予言されていました。「皇紀2600年にアメリカが日本を奪う陰謀を企てている」。皇紀2600年（昭和15〔1940〕年）というのは、日米戦争が始まる、その前の年です。

この予言があらわれた当時は幕末です。京都で幕府軍と、倒幕派の長州軍が激突している内戦状態でした。孝明天皇は、自分は殺されるかもしれないと思ったのでしょう。この予言を、自分が生きているうちに宮中の外に出すことにしたのです。

周りには朝廷の高官がたくさんいますけれども、誰も信用できなかった。その頃、孝明天皇は非常に孤立した状態でした。孝明天皇は公武合体を推し進め、幕府の権力を認めていました。しかし朝廷には倒幕を叫ぶ長州を支持する人もたくさんいたのです。

そこで最も信用できる人物、自分のSPをしていた旭形亀太郎に予言の書を託しました。孝明天皇直筆の予言を「たまほこのひ可里」では「孝明天皇の遺勅《いちょく》」と呼んでいます。「勅」というのは天皇の詔《みことのり》。現代でいう「天皇陛下のおことば」です。遺勅ですから、遺言みたいなものです。

孝明天皇は、直筆の遺勅（予言書）を旭形亀太郎に託し「これを皇紀2600年に、ある男に渡してくれ」と頼んだのです。その「ある男」の名前が出口王仁三郎だったのです。出口王仁三郎という名前も切紙神示で出てきます。詳しいことは、『誰も知らなかった日本史』を読んでください。

明治維新の前の年に孝明天皇が崩御されました。旭形亀太郎は、孝明天皇の遺言に従って明治33（1900）年に、愛知県に玉鉾《たまほこ》神社という孝明天皇をお祀りする神社を創建します。その翌年に旭形亀太郎は亡くなるのですけれども、亡くなる前に弟子の佐藤紋次郎にあとを託します。「皇紀2600年になるまで、これを預かっておいてくれ」と。

丹波《たんば》の綾部《あやべ》に大本という宗教が誕生することも、予言書に出てきました。明治25（1892）年に大本は誕生しており、佐藤紋次郎もそれを知っていましたので、大本に入信して、ひそかに皇紀2600年を待ちました。

ところが、大本は2度、政府から弾圧を受けます。大正10（1921）年と昭和10（1935）年の2回です。昭和10年の弾圧の際には、王仁三郎は投獄されてしまいます。昭和15年、皇紀2600年のときに王仁三郎はいなかったわけです。この2度目の弾圧は、近代日本宗教史上最大と言われています。京都の亀岡と綾部にある2つの聖地が全部、粉々に破壊されました。信者の家にも行って、大本のご神体だとか王仁三郎が書いた『霊界物語』だとかも全て没収され、火をつけて燃やされてしまったのです。

佐藤紋次郎も、孝明天皇の遺勅が見つかってしまい、「こんなものを持っていてはいかぬ。燃やせ」と警察に言われて、泣く泣く燃やしてしまったわけです。

昭和17（1942）年に王仁三郎が監獄から出て、亀岡の家に帰ってきます。それが熊野館、私の実家です。佐藤紋次郎は、証拠の品はなくなってしまったけれども自分が伝え聞いたことを王仁三郎に話します。ただ、そのときは全て話したというわけではなく、言い足りないことがあったみたいで、その翌年の昭和18（1943）年に、口述して大本の信者に書き取ってもらいました。その文献が「たまほこのひ可里」です。活字にしたものは本の中に載せています。

この「たまほこのひ可里」、大本の信者の一部は知っていたのですけれども、いつしか忘れ去られてしまいました。それが平成10年に発見されました。おもしろいですね。大正10年と昭和10年の2度、弾圧されて、今度は平成10年です。そこからこの話が始まるわけです。

私の父・出口和明《やすあき》が最初に発表したのですが、平成14（2002）年に亡くなります。私がこだわって研究してこなかったら、孝明天皇の予言が表に出てくることはなかったのかもしれない。そういう形で、大本神業《しんぎょう》といって、関係者は知らず知らずの間に神様の御用をさせられているのです。

宮中や大本以外でも知られていた切紙神示

切紙神示の基本的なことは本に書いていますけれども、切紙神示というのは、切り方と、そこから出てくる神様のメッセージをいいます。これは宮中の専売特許ではないみたいです。ほかのところでも実は知られていました。

出口和明が、1998年1月に「たまほこのひ可里」を発見して、それから機関誌に発表していったのですが、父の死後は、私が研究発表を続けてきたわけです。そんななかでこの切紙神示を俳優の森繁久彌さんが知っていたということがわかりました。

和明が玉手箱を発見してから数日後に、一本の電話がありました。「テレビで森繁久彌が切紙神示をやっているのを見た」というのです。和明は早速、森繁久彌さんのご自宅に電話をかけました。すごいですね。電凸《でんとつ》取材です。ご本人はいなかったのですけれども、そのお子さん（長男）が電話に出て教えてくれました。ＮＨＫの「ふたりのビッグショー」という番組で歌手の和田アキ子さんとの共演中に一枚の紙を折ってハサミで切り、十字とＨＥＬＬの字をつくってみせたそうです。神様のメッセージを受け取ったということではなくて、切紙神示に似たようなことをやっていたのです。「父は、どこかの外国人から教わった」とのことでした。

そして「よほど驚いたのか、帰ってくるなり、家族を集めて、それを実演してみせ、私も覚えさせられました。それ以来、父は何かの席には余興で演じてみせて、得意げになっています」と教えてくれたそうです。

森繁さんは平成21（２００９）年に亡くなりましたけれども、晩年は切紙神示にハマっていたようです。外国ルートで伝わったものを知っていたみたいですが、昔、イギリスの一新聞社が、ハサミを1回だけ入れて十字架を切り出す方法を10万ドルの懸賞で募集していたそうです。そこにある英国婦人が応募して当選したことから伝わってきたと、王仁三郎の高弟、土井靖都《やすくに》の著書に記されていました。

さらに森繁久彌さんだけではなくて、宮沢賢治もこの切紙神示を知っていたというのですから驚いてしまいますね。
宮沢賢治は、妹のとし子（トシ）が大正11（1922）年に病気で亡くなります。その次の年、妹をしのんで詠んだ「オホーツク挽歌」という詩の中に、切紙神示みたいなものが出てきます。その詩の一部を読んでみます。

ここから今朝舟が滑つて行つたのだ
砂に刻まれたその船底の痕《あと》と
巨《おお》きな横の台木のくぼみ
それはひとつの曲つた十字架だ
幾本かの小さな木片で
ＨＥＬＬと書きそれをＬＯＶＥとなほし
ひとつの十字架をたてることは
よくたれでもがやる技術なので

とし子がそれをならべたとき
わたくしはつめたくわらつた

（宮沢賢治「オホーツク挽歌」より一部抜粋）


とし子は紙片ではなく木片で並べたようです。「HELLと書きそれをLOVEとなほし」、つまり「HELL（地獄）」が「LOVE（愛）」に変わるのです。これが宮沢賢治の詩に出てきたということを、和明はどこかから聞いてきました。

実のところ、これはキリスト教の布教に使っていたみたいです。大本でも大正7～8（1918～19）年に、宣教のため、切紙神示を使っていました。

1998年3月、和明が東京で講演をしたときに、また別の情報が入りました。神習教《しんしゅうきょう》で切紙神示が伝わっているというのです。神習教というのは明治13（1880）年に創立した神道系の宗教で、教派神道の一つです。

世田谷の桜新町にある桜神宮をご存じですか。桜神宮が神習教の本部です。和明は

切紙神示で出現した「十字（神）」と「HELL（地獄）」の文字

切紙神示で出現した「十字（神）」と「LOVE（愛）」の文字

早速、神習教に電話をかけました。そうしたら、電話に出た人が「それは管長の相伝で、どういうことが伝えられているのかは管長以外は知らない」と言うのです。

神習教の初代管長は、伊勢神宮の神職を務めていたり、明治天皇に面会できる立場にいた人なので、そういう方面から伝わったのかもしれません。神習教の今の管長さんは、ひょっとしたら、この本を読んで「エッ、何で切紙神示を知っているの⁈」と驚いているかもしれませんね。

「たまほこのひ可里」には書かれていない孝明天皇の予言

佐藤紋次郎が口述した「たまほこのひ可里」は昭和18（1943）年8月に書かれたものですが、その3カ月後の11月に、やはり佐藤紋次郎の口述で「霊石の奇蹟」と題する筆書きの冊子が書かれました。その中に記されている「孝明天皇の予言」に、こういう言葉があったそうです。

紀元二千六百年（辰年）トナレバ本山（モトヤマ）ニ神光（ヒカリ）ガ出ル
コノ神光（ヒカリ）ハ永遠ニ消ユルコトナク　光リト倶《とも》ニ皇国ハ万々歳デ天壌《てんじょう》無窮《むきゅう》デアル

謎めいた言葉ですね。

『誰も知らなかった日本史』の191ページに「大日本の三山《さんざん》」の話が出てきますが、佐藤紋次郎は「神光」が出る「本山」は大日本の三山のどれかだろうと考えました。それは綾部にある弥仙山《みせんざん》、四尾山《よつおやま》、本宮山《ほんぐうやま》のことです。そこで皇紀2600年の翌年、昭和16（1941）年に綾部に行って、ある大本の信者に相談をしたところ、こういう情報を教えてくれました。「2年ほど前（昭和14年）、綾部に住む81歳のおばあちゃんが本宮山の夢を見た」と。

本宮山というのは、大本の聖地の中にあるご神体山です。地面からの高さ40～50メートルぐらいの、こんもりした山があるのです。その本宮山の頂上に立つ灯籠が火を発している夢を見た――。実際には灯籠はありません。しかし、その夢を見た次の日から、毎日、本宮山に灯が点《とも》っているのが見える。その火は大きなたらいぐらいの大きさだと81歳のおばあちゃんが言ったそうです。そのおばあちゃん以外にも、その火を見たという人がいました。

その火はいったいどこから発しているんだろうと思いまして、佐藤紋次郎さんは、おばあちゃんに案内してもらって、本宮山に登りました。光が出ている場所を確認しに行ったのです。おばあちゃんは「あそこです。あの石から光が出ています」と言う。そこには大きくて、ちょっと平らな岩が3つ並んでいたそうです。そのうちの一つ、真ん中の石から光が出ているというのです。その石は、富士山から運ばれてきた霊石でした。

西暦802年に富士山大爆発がありました。富士山の三大噴火（800～802年、864年、1707年）の最初の爆発で、溶岩がバーンと飛んできて、山梨県の明見《あすみ》村に落下した石だというのです。その石は180貫、675キロ。重いです。小錦3人分ぐらいですかね。大きさ自体はそんなに大きくはなく、おそらく直径1メートル前後くらいだと思いますけれども、溶岩の石なので重いのです。

大正8（1919）年ごろ、1回目の弾圧の前に王仁三郎は「富士山の霊石が明見村の舟久保さん宅にあるという霊夢を見た。その霊石を大本に持ってきてくれ」と大本の幹部に命じます。その幹部が「譲ってほしい」と交渉したのですけれども、そのときはだめでした。それからしばらくたった昭和8（1933）年になってようやく譲ってもらうことができた。その重たい石を大勢の人で綾部に運んできたのです。

本宮山の上に運ばれてきたときに、王仁三郎はその石を「よう来た、よう来た。早う来たかったであろう」と言って、指一本でなでると、675キロもある重たい岩石がゴトゴトゴトと動いたといいます。周りにいた人たちはみんなびっくりしました。

その富士の霊石から、この予言にある「神光」が出ているというわけです。

「霊石の奇蹟」という文書は、「たまほこのひ可里」もそうですけれども、佐藤紋次郎さんが口述しまして、西田豊太郎さんが編集したのです。その西田豊太郎さんが、歌を詠んで記しています。

本宮の山のお宮は毀《こわ》されて　いま本山《もとやま》となるぞ　うたてき

「うたてき」は嘆きの言葉です。嘆かわしいということです。大本は、時の政府から2回弾圧を受けました。『誰も知らなかった日本史』の15ページに、本宮山神殿の話が出てきます。本宮山の上にあったお宮が壊されたのです。お宮がなくなってしまった。つまり、本宮山の宮がなくなって、本山となった……というダジャレみたいな予言だと、西田さんは解釈したのです。

昭和10（1935）年の弾圧、いわゆる第2次大本事件は、先ほど言いましたとおり、すさまじい弾圧でした。大本の聖地が粉々に破壊されてしまいました。その工事を請け負った大工の親方の話によると、その霊石も壊せと当局から命じられており、ハンマーでガツンガツンとたたいたんだけど、あまりにかたくて全然壊れない。仕方がないので、地面を掘って埋めて、警察には「壊しました」と報告したのだそうです。そのため、その霊石は壊されずに無事に残りました。戦後に掘り起こされまして、今も綾部の本宮山の上にあります。

戦後、本宮山の上には月山不二《つきやまふじ》というモニュメントがつくられました。ご神体である山の一番聖なる領域が月山不二です。この頂上に富士の霊石が祀られました。今でも綾部には、孝明天皇が「神光ガ出ル」と予言したその富士の霊石が置いてあるのです。ただ、そこは今、禁足地になっていまして、入っていくことはできません。

出口すみ子が描いた色紙をお見せします。すみ子というのは、王仁三郎の奥さん、

王仁三郎の妻、すみ子が描いた「月山不二」の絵

つまり私のひいおばあちゃんです。この色紙には平仮名で「ちじよてんごく（地上天国）たかまのはら（高天原）」と書いてあります。この絵の山が本宮山で、頂《いただき》の右側に描かれているのが富士の霊石です。ただ、こんなに巨大ではありません。絵だから大きく描いてあります。実際はこういうふうには見えないです。左側にあるのは「みろく松」と呼ばれている松の木で、戦後の昭和23（1948）年に植えられたものです。みろく松はその後、切られてしまったらしいのですけれども、富士の霊石がどこかへ行っちゃったという話は聞かないので、今でもあると思います。

この石があった明見村は、今は富士吉田市に合併されて、大明見《おおあすみ》と小明見《こあすみ》という地名で残っています。

皆さん、古史古伝の一つの富士文献はご存じでしょうか。宮下文書《みやしたもんじょ》とも呼ばれています。その宮下文書（富士文献）を伝えてきた宮下家も明見の人たちなんです。

古史古伝には、竹内《たけのうち》文書とかホツマツタエとかいろいろありますけれども、この富士文献と九鬼《くかみ》文書の2つが王仁三郎とゆかりの深いものです。

九鬼文書は、綾部藩のお殿様、九鬼《くき》家に伝わってきた文書です。九鬼文書には艮《うしとら》の金神《こんじん》という神様が出てきます。出口ナオにかかった神様です。また皇祖神をスサノオとしています。スサノオは王仁三郎の神霊です。

富士文献も王仁三郎と関係がとても深くて、『霊界物語』の第73巻の序文に、富士文献からの引用があります。アメノミナカヌシ以前の宇宙《うちゅう》太元《たいげん》、原始の世界、紫微《しび》天界と呼ばれている世界が73巻以降の舞台です。アメノミナカヌシの時代を「天之御《あめのみ》中之世《なかのよ》」と呼んでいて、それ以前の世界を「天《あま》の世」と呼んでいます。天の世には7代の神様が出てきますが、その一番初めの神様がアマノミネヒオノカミです。富士文献にも出てくるし、『霊界物語』の73巻以降、天祥地瑞《てんしょうちずい》の世界にも、最初の神様・天の大神として出てきます。

また、ノダチヒコという神様も出てきます。これは艮の金神さん、つまりクニトコタチノミコトの別名です。日本神話には出てこなくて、『霊界物語』と宮下文書だけにしか出てこないようです。

王仁三郎にゆかりの深い宮下文書が発見された明見村から富士の霊石が運ばれてき

て、綾部の本宮山に置かれて、そこから光が出ている。この富士の霊石から発する光は、王仁三郎によれば古事記に記載されている「一つ火」だといいます。イザナミが黄泉の国にまかったとき、イザナギがイザナミを見るために点した火が「一つ火」なのですね。当時の弾圧により破壊し尽くされた綾部は、一時的に黄泉の国のようになったといえるのかもしれません。

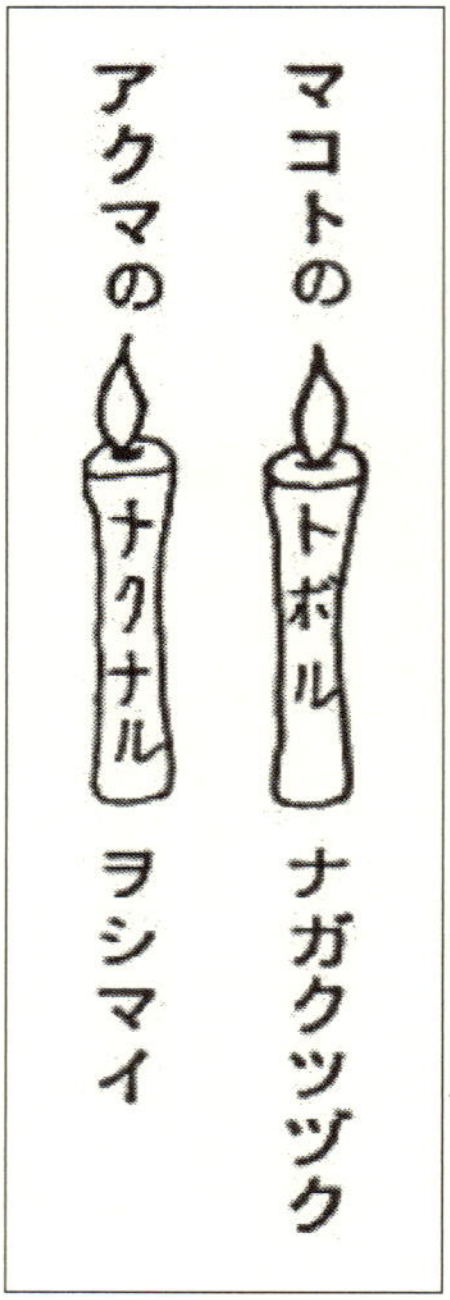

佐藤紋次郎が孝明天皇の予言を書いた「霊石の奇蹟」に掲載されているロウソクの図。孝明天皇の予言は「マコトノ　ヒカリ　トボル　ナガクツヅク　アクマノ　ヒカリ　ナクナル　ヲシマイ」

第2部

大本事件と天皇家には深い因縁があった！

明治維新とは南朝革命のこと

ではここから本格的に「誰も知らなかった日本史」に迫ってみたいと思います。天皇の血統面について触れていきます。

皆さん、「十二段返しの歌」というのはご存じですか。『誰も知らなかった日本史』の311〜313ページに出てくる、「今の天子偽者なり。綾部に天子を隠せり」という歌です（次ページの図の横列4を右から左に読むと「あやべにてんしをかくせり」、横列8を左から右に読むと「いまのてんしにせものなり」と出てくる）。

王仁三郎という人は、大本事件の裁判の中で「自分こそが本物の天子」と言っています。出口家の始祖というのはニギハヤヒノミコト。今の天皇家の始まりは神武天皇。出口家の役割とは、王仁三郎が言うには、「天皇家をお守りすること」。同書の中にあ

十二段返しの大本宣伝歌

12	11	10	9	8	7	6	5	4	3	2	1	
た	と	た	と	よ	も	こ	ひ	あ	か	た	か	1
だ	り	ま	き	び	と	う	ろ	や	み	か	み	2
ー	て	の	つ	と	つ	て	き	の	す	き	の	3
り	せ	く	か	を	し	ん	て	に	べ	や	あ	4
ん	か	も	た	か	ぐ	こ	ん	し	た	か	れ	5
の	ひ	り	り	い	み	じ	か	き	も	た	に	6
み	に	を	つ	し	を	き	に	を	ふ	を	し	7
い	ま	の	て	ん	し	に	せ	も	の	な	り	8
づ	こ	こ	る	だ	ら	つ	ん	の	ち	に	う	9
あ	と	り	た	い	し	ぽ	で	さ	の	ぞ	ぐ	10
ふ	な	な	え	ー	め	ん	ん	れ	よ	し	う	11
が	る	く	の	と	つ	の	し	て	の	れ	の	12
ん												
大和島根の大空を	化けて洋服身にまとひ	三千とせなりし今の世に	神代の夢と消えやらで	またうらわかきさほひめを	られられて十六の	八つの頭に八つの尾は	潜む八岐の大おろち	逆くに流るる逆汐に	流れ流れて八段の	掬ひて天下の正段を知れ	十二通の十二段四段門の上流を	

十二段返しの大本宣伝歌。横列4を右から左に読むと「あやべ（綾部）にてんし（天子）をかく（隠）せり」。次に横列8を左から右に読むと「いま（今）のてんし（天子）にせもの（偽者）なり」と出てくる

る「今の天子偽者なり」というのは、これは大正6（1917）年12月に書かれたものですから、決して明治天皇とか昭和天皇のことじゃなくて、大正天皇がニセモノだということを言っています。大正天皇はニセモノだけど、明治天皇は本物——というか、難しいですよね。ただ、十二段返しの歌では明治天皇のことは言っていない。明治天皇がニセモノだったかどうかはあまり言えないけどね。

大正6年11月16日に大正天皇の皇后、貞明《ていめい》皇后が綾部に来て、王仁三郎と話し込みました。そのとき、自分の旦那の大正天皇がニセモノであることを告白しました。

王仁三郎という人は、「ヤマト民族はイスラエルから来た。日本の知謀に富んだ貴族はイスラエルから来た。ということは神武天皇は征服王朝みたいに外国から来た」と言っているんですけど、戦前、それを言ったら必ず不敬罪になりますよね。

「大和三山」という資料をちょっと見てもらえますか。この中に「大和三山」というのが入っていますよね。

綾部市上野町上野に設置されているプレート（上段）と、当時の作業の様子（左下）と現在の坂道（右下）の図。養蚕試験場視察に貞明皇后が出向いた折に、坂道を直したことが記されている。この場所は昔、九鬼藩城下の大手門があった

大和三山は畝傍山《うねびやま》は出口《いづぐち》で出口、天の香山《かぐやま》は鼻で、耳成山《みみなすやま》は耳で三山を至上がお踏みになると大変なことになるのである。

（大正5年4月2日、旧2月30日、大正天皇橿原神宮行幸）

王仁三郎は、畝傍山、天の香山、耳成山、この三山を至上（天皇）がお踏みになると大変なことになると言っていたわけです。

畝傍山は出口山というか、口成山《くちなすやま》。それに対して、天の香山というのは、「かぐ」ですから鼻の山。香山は鼻で嗅ぐ。息をする、呼吸をする。要するに、スサノオのお山です。耳成山は耳です。聞こしめす山。つまり、王仁三郎に言わせれば、大和三山というのは世界の鼻と口と耳ということです。耳は世界のことを聞こしめす。耳成山は世界のことを聞いて、口成山というのは、いわゆる言霊《ことたま》を発生する。そして、鼻で呼吸をする。

また王仁三郎によれば、大和三山は三種の神器の象徴だそうです。わかりやすいように表にしてみました（次ページ参照）。天皇がそこを踏むと大変なことが起こると。

大和三山

名称	畝傍《うねび》山	天の香山	耳成山
別名	出口・口成山	鼻・嗅ぐ・鼻成山	聞く山にして、気山、真釣山
世界の○	世界の口	世界の鼻	世界の耳
三種の神器・鎮台	大皇鏡	神璽《しんじ》であり、玉体《天皇の肉体》	草薙剣
対応する神	日子八井命《ひこやいのみこと》	神沼河耳命《かむぬなかわのみみのみこと》	神八井耳命《かむやいみみのみこと》
意味	天皇がこの畝傍山を踏みしめると75声の声が大皇鏡に鳴り付き、光を増すために世界一切の真実が明らかになり照りわたる。そのとき、艮の金神《アマテラス》の出現。	呼吸、顔の正中にあり、魂の緒。地球はこの山により命を保つ。スサノオの山。	世界一切の物事を聞こしめしての物事一切に相当する言霊で、天秤釣に真釣り、善悪正邪を厳重に切り分け定める。

私はこれからその説明をしようと思っているんですけれど、大正5年の4月に大正天皇が実際に畝傍山に行っています。大和三山を踏んでいるのです。王仁三郎は大和三山についてこうも言っています。

日本はこの山があるので世界で一番尊いのである。外国は手足ばかりである。

（昭和17年10月12日夜、大本農園有悲閣にて）

そして、次を読んでみてください。

神国の畠《はたけ》をサツマ芋や丁子《てうじ》が荒らして来たのであるから、跡の整理も荒らしたものがする責任があるにも拘《かか》はらず、雲にかくれて首を出さぬ大熊の卑怯さ。是も自業自得とは云ひ乍《なが》ら、能《よ》くも行詰つたものだ。俗謡に『あとの始末は誰がする鬼が出て来て始末する』何だか肩が凝る如《よ》うな、我々は思いがするのである。

（『神霊界』大正8年11月1日号「随筆」16ページ）

皆さん、この意味わかりますか。わかる人、いらっしゃいますか。まあ、普通わからないと思います。

「神国の畠」ということは日本の畠、「サツマ芋」というのは薩摩です。「丁子」というのは果物（クローブ・香辛料のこと）で、長州のことです。神国、つまり日本を、薩摩とか長州が明治維新で荒らしてきた。「跡の整理も荒らしたものがする責任があるにも拘はらず、雲にかくれて」、「雲」というのは雲居《くもい》（宮中、皇居）のことです。「雲にかくれて首を出さぬ大熊の卑怯さ。是も自業自得とは云ひ乍ら、能くも行詰つたものだ」。

この大熊が何のことかわかる人いますか。そう、大隈重信です。つまり、大隈重信が雲に隠れているということは、素直に考えたら、大隈重信が宮中に隠れているということ。

１９１２年に大正天皇が践祚《せんそ》して、１９１４年に大隈重信が総理大臣になった。つまり、大正天皇になってから大隈重信が２度目の総理大臣になりました。大隈重信の病気により、大正天皇の権力が落ちて、大正10（1921）年11月25日、政務は全て大正天皇から事実上、昭和天皇がとるようになった。つまり、裕仁親王に摂政を許す。そして大正11（1922）年1月10日に大隈重信は亡くなります。そう考えると「雲」、つまり宮中に大熊（大隈）が隠れて「卑怯」、しかも今の天子はニセモノとすると、この言葉から推測できるのは何か。

はっきり言ってしまうと、大隈重信が大正天皇のお父さんということなんです。ただ、僕が伝えているのは、DNA鑑定とかはしていないから、王仁三郎がそう言っているという事実だけ。しかし王仁三郎の書いていること、言っていることで、間違えたことはほぼない。実際、私はネットにも出しましたが、誰からも反発はない。

俗謡の「あとの始末は誰がする鬼が出て来て始末する」。この「鬼が出て来て始末する」の「鬼」とは何でしょうか。鬼というのは王仁三郎のことです。つまり、幕末から明治維新にかけて日本を薩摩とか長州が荒らしてきました。誰もその荒らしたあとの責任をとらない。佐賀県（肥前）出身の大隈重信は責任をとらないばかりか、大正天皇のお父さんということで逃げて、隠れている。とんでもないやつだと言っているわけです。

だから誰かが責任をとらぬといかぬ。そこで一人、責任をとった人がいます。誰かといったら有栖川宮熾仁親王《ありすがわのみやたるひとしんのう》です。有栖川宮熾仁親王というのは、明治維新時の政府総裁、最高責任者です。このことは歴史にあらわれていませんが、彼は日清戦争の最中に、１８９５年、東京の品川御殿で明治維新の責任をとって割腹《かっぷく》自殺しています。

そのとき政府は、チフスによる病死と偽装しましたが、王仁三郎の父であり次の天皇になるべき、皇位継承順位第１位の熾仁親王ですよ。亡くなるってことは、大変なことです。もしニセモノの天皇が出現しなかったら、熾仁親王の次に皇位継承権がある一人息子の王仁三郎に、皇位は確実に移っていたことでしょう。皇室も軍部もそれをわかっていたからこそ、王仁三郎についてきたのだと思うんです。

王仁三郎はこの出来事に対する心境を、涙とともに歌に託しています。

根底までおちたるひとを救わんとみかえるとなり現れし、伊都能売《いずのめ》王仁三郎によれば、自身は、顕幽神三界を根本的に立替える（ミカエル・三《み》替える）神人だといいます。維新の責任をとった父・熾仁を救うために、父の墜《お》ちた無間《むげん》地獄まで墜ち救おうとしたのでしょうね。

続いて次の歌も詠みました。

同胞《はらから》の　百のなやみを救わんと　地にくだりたるひとり神かも

とてもストレートな歌ですね。でも、この2つをパッと見ただけでは、王仁三郎のそのときの心情しかわからないですよね。誰のことを歌っているかまではわかりません。本当は「熾仁」や「ミカエル」もすぐにわかるように入れて記したいところだったでしょうが、当時はそれがわかってしまうと不敬罪ですぐに逮捕されてしまうので、気を遣っているんですね。

実際、王仁三郎は私の知る限り、「熾仁親王」に関連する歌[*1]を222首ほど発表しています。

そんな王仁三郎ですが、彼は明治維新を評価しています。ある意味、とんでもない評価です。明治維新で明治大帝が日本を統一しました。王仁三郎というか、神様の目的というのは、宇宙の平和統一。当然、その前に世界の平和統一。その前に日本の統一でしょう。確かに明治天皇（大室寅之祐《おおむろとらのすけ》）はニセモノです。でも大室寅之祐が出るまでは、例えば北海道（蝦夷地《えぞち》）は日本じゃなかった。大室寅之祐が明治天皇になって、初めて日本が統一された。

皆さん、フリーメーソンはご存じですよね。王仁三郎は、この明治維新を世界に拡大しようと言っているわけです。明治維新という革命を一つの雛型《ひながた》として、世界中に拡大しようと。結局その後、中国革命とか、朝鮮の革命とか、世界中に革命が起こっています。大室寅之祐というのはそういう役割なんです。だからフリーメーソンの役割をしているのです。神様に使われています。艮《うしとら》の金神《こんじん》にも使われています。フリーメーソンというと、悪魔とか悪いとか決めつけるのも問題ということです。

私の見解だけど、明治維新は、これはしようがない。いわゆる下剋上《げこくじょう》とか、王様を殺すとか、日本中、世界中どこにでもこういった血なまぐさい歴史はあるでしょう。

ある意味では、世界の進歩のために仕方ないことがあるかもわからない。ロシアの皇帝、ツァーリが殺されたり、ドイツの皇帝、カイゼルが殺されたり。殺伐としたことだけれど、決して間違ったこととは思わない。

ただ唯一、一つだけ間違ったことがある。伊藤博文とか岩倉具視《ともみ》が孝明天皇を殺しました。明治維新では、みんな軒並みに人をいっぱい殺しました。問題はそれを黙っていることです。もし大義があるのだったら、堂々と言うべきです。

僕は大室寅之祐が南朝の人とは信じてないけれど、それはともかくとして、堂々と南朝革命をしましたと、本当のことを言ってほしかった。つまり、なぜ東京遷都したかといったら、要するに、大室寅之祐の顔が知られてないところに逃げたかったからです。そして華族制度というのは、そういう秘密保持のためにつくられたわけです。

結局、本当のことを明らかにしないから、世界中の人に日本の弱みを握られているわけです。だから言われたまま。例えば、東京に大地震を起こすぞとか、明治維新の秘密を全部暴露するぞとか。もうかなり暴露されましたけどね。いくらでもそういう脅されるネタがあるわけです。日本は悪いことをしているから。ただ、やったこと自体が悪いことかどうかはわかりませんが、本当のことを言うべきだと私は思う。今でもいいと思う。全部話してしまったら、脅されるネタはなくなるから。

「型の仕組み」によって日本を立直す

そういったわけで王仁三郎が明治維新で汚れてしまった日本の「あとの始末をする」と言っているわけです。王仁三郎はシャベルもスコップも得意ですよ。農業も得意だけど、だからといって王仁三郎一人で日本中をまわってお掃除するわけにはいかない。できないわけです。そのために使ったのが「型の仕組み」です。

それは何かというと、霊界に起こったことが現界で起こるということ。つまり、霊界で起こったことは大本で起こる。大本で起こることは日本に起こる。日本に起こったことは世界に起こる——というように、霊界で起こったことが、現界ではまず大本に起こり、やがて世界に波及していくという仕組みのことです。なのでちょっと指一本、枕木一本動かしただけで、世界が変わっちゃうわけです。その方法で王仁三郎にかかる神・スサノオは大本事件を起こして、太平洋戦争も起こしました。
なぜ起こしたかという意図は、私はおおむねわかってはいたけれど、でも本当に神様が何を考えてそこまでしたかという明確な説明はなかなかできなかった。でもそれが今回わかったんです。なのできょうはそれをお話ししたかった。

『誰も知らなかった日本史』の14～20ページに書いていますが、大正10年10月20日午後1時に本宮山神殿破壊が行われました。皆さん読まれました？　この出来事は米国の勢力による圧力だと言われました。その頃、出口王仁三郎は新聞を使って日米戦争の宣伝をいっぱいしました。特に「瑞能神歌《みずのしんか》」[*2]という神歌とか「いろは神歌」という予言歌を、経営している新聞社などを通じて大々的に発表したりしました。すると、それをアメリカ政府が聞きつけた。実際には日米戦争を起こすためのアメリカ・ロックフェラーの陰謀なんです。

そもそもアメリカは日本と戦争したかったから、お金を使ってネタを探していたのです。そこでフレデリック・スタール博士というアメリカのシカゴ大学のお札《ふだ》博士（千社札が好きだったためこう呼ばれた）を派遣しました。シカゴというところは、ロックフェラーの傘下です。お札博士に日本の神社仏閣を回らせて、日本の内情を探らせたところ、「日本はまったくだめだから怖くない。ただ唯一、大本というすごいのがある。ものすごい勢いがあるから何とかせぬといかぬ」ということで、アメリカ政府が外務省を通じて「日本政府は、大本を使って日本とアメリカとの戦争を宣伝させている。とんでもない」と打電しました。

外務省、つまり政府は王仁三郎に連絡します。「アメリカから、日本政府と大本が組んで日米戦争を扇動している。アメリカはそんなつもりはまったくないのに、とんでもない話だといって圧力をかけてきた」と。すると王仁三郎は「わかりました。日本政府にご迷惑をおかけすることはできません。大本を潰してください」と言いました。日本政府は「それは申しわけない。そんなことはできない。でも、もしそれがオーケーなら弾圧させてもらうけど、3年後に国家賠償させてほしい」と言います。

当時、アメリカの大統領はウィルソンでした。トーマス・ウッドロー・ウィルソンは、ＦＲＢ――アメリカの中央銀行に相当する機関である連邦準備制度の設立に、詐欺的手法で加担したアメリカの第28代大統領です。このＦＲＢのトップはロックフェラーです。大本弾圧事件はロックフェラーの圧力で起こった。これは完全に証明されています。

でも、王仁三郎は損害賠償請求をしなかった。なぜなら自分が弾圧をオーケーしたのだから、そんなことをしてしまっては日本国民に迷惑をかけるし、そもそもその必要がない。つまり、王仁三郎は、「切紙神示」で孝明天皇に日米戦の予言を示したのが神の仕組みだとわかっていました。腐り切った日本を立直すためには、いったん神様に任せるしかない。それには、大本弾圧を、言ってみれば世界の戦争に発展させて、アメリカに日本を攻めさせ、日本をたたき潰すしかない。それを神の仕組みの一つとして使ったというわけです。

そんなふうに神は大日本帝国を「型の仕組み」によって破壊しました。太平洋戦争は悪魔と悪魔の戦いです。フリーメーソンを使って世界の悪魔と悪魔をお互いに殺し合わせた。一方で太平洋戦争によって、アジア、アフリカ諸国を独立させました。神様の目的は世界の統一。明治維新の目的は日本の統一。明治維新も神様の目的にかなったこと。だけど、あとの始末をしなかったから、ある意味では日本も悪いですよね。

隠し事が多過ぎる。

太平洋戦争をして、国際連盟から国際連合ができて、そこからEUができたりして、どんどん世界は統一に向かっているけれど、しかしながら、統一したってまたEUから離脱する国があったりで、壊したりつくったり、つくったり壊したり、延々と続けているわけです。

王仁三郎の目的は世界大家族制度

王仁三郎にかかる神「スサノオ（ヲ）」の「スサ」は言霊では「進展」を意味します。止まることを許さないのですね。常に新陳代謝・生成化育を続けて進むということ。ちなみに「ノ」は「水」、「オ（ヲ）」は「心」です。そして「ミコト」は神言。つまり「スサノオ（ヲ）」とは「進展する水（瑞）の心の神言」という意味になります。

そんな「スサノオ」の目的の一つは世界の統一、世界大家族制度の樹立です。王仁三郎によれば世界を一軒の家にたとえると、日本は神棚・神床なのだそうです。

ところが明治維新は殺し放題。スメラミコトである孝明天皇を殺したり。また大隈重信の子が来たり、あとで説明しますが、天皇が英国の陸軍元帥になったりと、汚《けが》し放題に神棚・神床である日本を汚しました。

それ以降はおしなべて自由も平等もないとんでもない時代だった。唯一、大正デモクラシーがあった大正初期だけは自由な風潮、民主主義の発展がありましたね。それもまあ真偽はともかく、大正天皇のお人柄でしょうか。私は好きな時代です。こういったアップダウンも、それは理想世界にいたる過渡期、神の深い仕組みに組み込まれてはいたのでしょうけど、まあ見た目には戦乱も多かったし、やっぱり汚れ放題でした。

また王仁三郎は、日本のことを世界の親国[*3]で自転倒嶋《おのころじま》、世界最古の国であり、型であるこの日本がなくなってしまえば世界もなくなると語っています。

それを避けるために、汚れ放題に汚れてしまった神棚・神床の日本をきれいに掃除したい。だけど日本人に掃除させれば内乱は必至。血で血を洗う殺し合いが始まります。だから神はマッカーサーという荒男を連れてきて、神棚・神床を掃除にかかりました。

でも神棚を掃除するときって、ほこりが積もっていたらそっと拭き取るとか、毎日の手入れではきれいなハタキでぱたぱたするとか、すごく丁寧にしないといけませんよね。だけど、マッカーサーは荒男だから不器用で、竹箒で神棚を掃除するわけです。でもやっぱり、そんなんじゃきれいには掃除できないんですよ。で、そうやって神棚とか神床を掃除すると、積もりに積もったほこりが一気に下に落ちていく。落ちたら座敷が汚れる。次は座敷をお掃除せぬといかぬ。世界の座敷というのは、神棚である日本の隣の中国と朝鮮です。ということで、今度は中国と朝鮮を掃除する。つまり朝鮮革命、中国革命を起こす。

お座敷を掃除したら、その後、今度はどこをお掃除しますか。外ですよね。お庭です。世界のお庭はどこですか。アメリカとソ連です。それで１９９１年に、ソビエトが崩壊して、ロシア連邦になりました。そして、お庭であるロシアの掃除を終えた今、アメリカの掃除をしているところです。アメリカの掃除を誰がこれからするかというとトランプ（Donald Trump）です。世界が本当に変わるところだと私は思います。とってもうれしい。

トランプというのはどういう意味かわかりますか。七並べとかをする、あのトラン

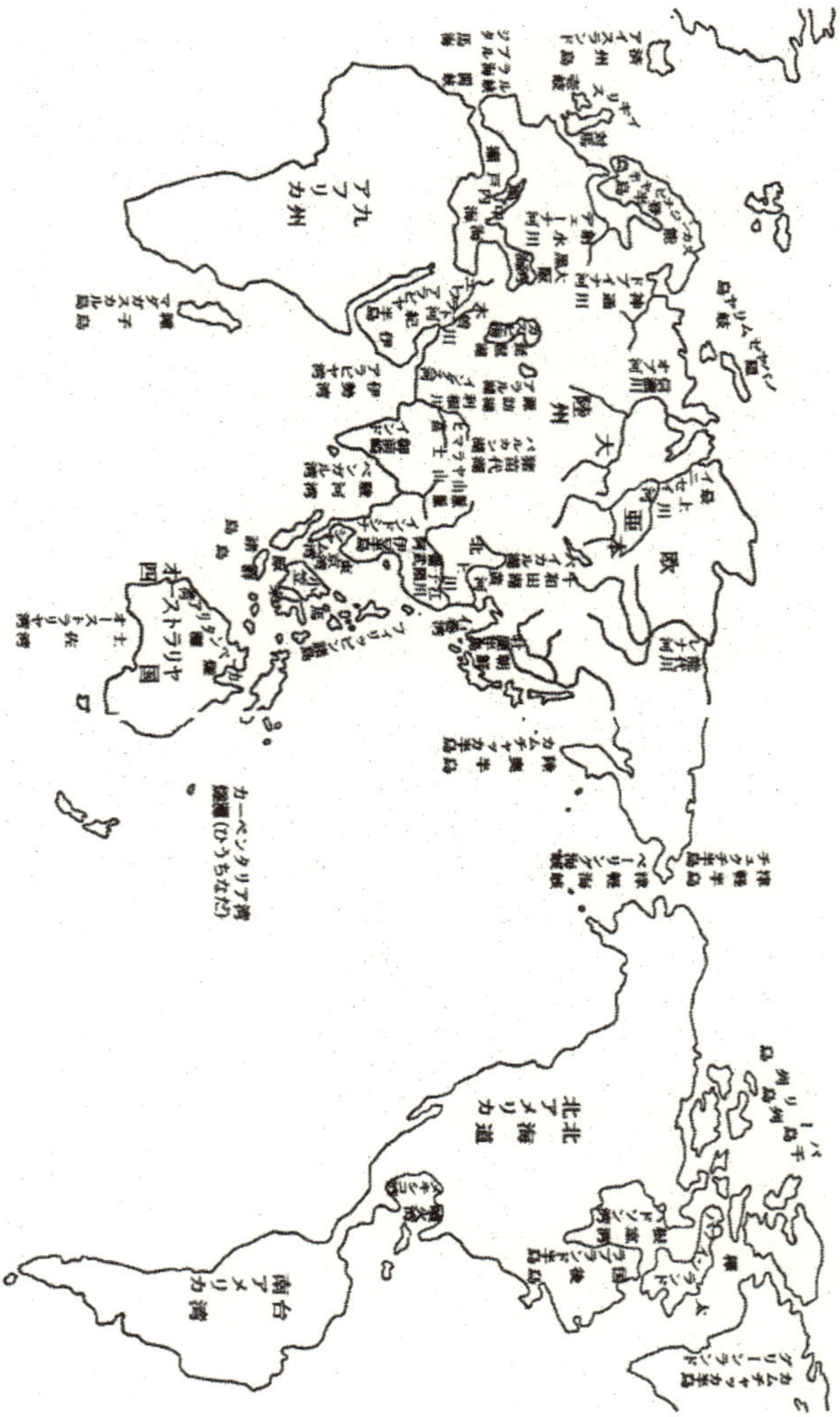

日本と世界の比較対応地図　国魂学上

プ。トランプ、その語源のtriumphというのは「大勝利（切札・最後の手段）」という意味です。だから彼が勝てたということは、大勝利になるんじゃないかと期待しています。トランプというのは、僕はそんなに悪い人だと思わない。

日本と世界の関係は「日本と世界の比較対応地図　国魂学上」（右ページ）をご参照ください。日本は祖国であるだけに、常に神の試練を受けやすい。地震などの天変地変で国土の新陳代謝をくり返し、神様によるお掃除を受けて浄化されます。たとえ阪神淡路大震災、東日本大震災、１９４４年の昭和東南海地震などのいわゆる人工地震[*4]を受けても、祓戸《はらいど》の四柱《よはしら》の大神にかかれば国土は浄化されちゃうんですね。でも大概にしてほしい。日本が滅びれば世界は滅びるんだしね。すでに限界にきているのかもしれないけど。

大和三山を天皇が踏むと「天と地の立替え」が起こる！

ではいよいよ王仁三郎が「大和三山を天皇が踏むと大変なことになる」と言ったのはどういう意味だったのか、考えてみたいと思います。

実際に大和三山を踏んだ大正天皇は、ニセモノの天皇です。畝傍山というのは、神武天皇が即位したところです。ところが、出口家の始祖はニギハヤヒノミコト。畝傍山というのは出口山。王仁三郎の考えはそうで、私は別に自分がどうこうという話ではないです。

王仁三郎は、自分はニギハヤヒノミコト、十種《とくさ》の神宝《かんだから》で、神武天皇は三種の神器。十種の神宝のほうがはるかに上なわけです。そして出口家の役割は、とにかく天皇家をちゃんとお守りすること。確かに王仁三郎というのは有栖川宮熾仁親王の子どもでしょう。有栖川宮というのは、お仕事が一つだけあるんです。それは天皇家が途絶しそうなときに天皇の継嗣《けいし》を差し出すこと。幕末に筆頭世襲親王家であった有栖川宮家の役割でした。だから有栖川宮家はまさに天皇家をお守りする家であり、出口家の役割と重なります。

王仁三郎は天皇家に関する孝明天皇の予言、「三種の神器と玉座が奪われる」ことを懸念していました。一方で、「もしわしが皇室がなくなるなどいうと大変なことになる」と漏らしていたそうです。

いずれにしても、ニセモノの天皇が大和三山を踏むと何が起こるかというと、天と地の立替え[*5]、簡単に言ったら太平洋戦争です。大戦争が起こるということです。詳しくは、私の著書『誰も知らなかった日本史』に載っていますが、大戦争が起こるということは、それだけお掃除をするということですが、でもいくら悪いことをした人がいるといっても、何でそこまでするのか、私はきょう明らかにしたかった。

第1次大本事件に関して、後で年表（次ページ参照）を見てもらわないとなかなか理解できないと思うんですけれど、大正天皇、昭和天皇、大本事件の関係を見ると、

1931年（昭和６年９月８日）	出口王仁三郎が桶伏山に三種の歌碑を建立。その10日後に満州事変が起こることを予言
（　　〃　９月18日）	満州事変［いくさのはじめ］
1935年（昭和10年12月８日）	第２次大本事件
1937年（昭和12年７月７日）	盧溝橋事件「この年から世界の大立替え、大峠が始まる」という孝明天皇の予言が成就
1940年（昭和15年）	孝明天皇が平安神宮に祀られる。皇紀2600年は日米戦争の分水嶺。皇紀2600年に70歳になる「ス」の拇印を持つ男子、出口王仁三郎はオリオン[*6]の獄舎の中で遺勅を受け取れず
（　　〃　８月15日）	出口王仁三郎、70歳のトシに（旧７月12日）
（　　〃　９月27日）	日独伊三国同盟締結
1941年（昭和16年）	昭和天皇が英国陸軍元帥を解任
（　　〃　12月８日）	真珠湾攻撃
1945年（昭和20年９月８日）	第２次大本事件大審院判決
（　　〃　10月４日）	自由の指令。この日マッカーサーの夢があらわれる
（　　〃　10月11日）	民主化に関する五大改革指令
（　　〃　12月15日）	連合国軍最高司令官総司令部（GHQ）の政府に対する覚書・「神道指令」が発令
（　　〃　12月30日）	吉岡発言
1946年（昭和21年元日）	天皇人間宣言
1951年（昭和26年９月８日）	サンフランシスコ講和条約が結ばれる
1991年（平成３年12月25日）	ソ連崩壊後、ロシア連邦成立

大本事件と天皇家の関連年表

1891年（明治24年12月30日）	有栖川宮熾仁親王（参謀総長）が神宮祭主を兼任
1892年（明治25年１月30日）	旧暦で正月元日にあたるこの日の夜、出口ナオが艮の金神の霊夢を見る
1912年（大正元年７月30日）	大正天皇践祚
1914年（大正３年）	大隈重信が２度目の総理大臣に
1916年（大正５年４月２日）	大正天皇が橿原神宮に行幸
1917年（大正６年11月16日）	大正天皇の妃・貞明皇后が綾部の王仁三郎を訪問
（〃 12月）	十二段返しの歌が書かれる。瑞能神歌も詠まれる
1918年（大正７年元日）	大正天皇が英国の陸軍元帥となる
（〃 ）	この年春夏秋から霊界での神と悪魔の闘争開始（12年延びると言明〈1930年〉）［戊の午春夏秋］
1921年（大正10年２月12日）	第１次大本事件
（〃 ５月９日）	裕仁親王が英国名誉陸軍大将になる
（〃 10月８日）	出口ナオ［大本開祖］の神霊から、霊界物語口述の督促（旧９月８日）
（〃 10月18日）	霊界物語口述開始（旧９月18日）
（〃 10月20日）	午後１時に天の御三体の大神を祀る本宮山神殿破壊開始（旧９月20日）
（〃 11月４日）	大本弾圧事件の実行犯の原敬総理が東京駅駅頭で中岡艮一に刺殺される
（〃 11月25日）	裕仁親王が大正天皇の摂政となる
1922年（大正11年１月10日）	大隈重信死去
1930年（昭和５年６月26日）	昭和（裕仁）天皇が英国陸軍元帥になる

ちょっと考えることがあります。

昭和天皇というのは第124代天皇なんですが、大本事件は大正10（1921）年に起こっています。一方で大正10年5月9日、昭和天皇がまだ親王だったときに、英国の名誉陸軍大将に任命されています。昭和天皇は英国の「名誉」ですけど、陸軍大将になっているわけです。任命されたとき、英国のジョージ5世はものすごく喜びました。でもその前に、大正天皇が大正7（1918）年の元日に、驚くことに英国の陸軍元帥になっているのです。昭和天皇は名誉陸軍大将ですよ。これはどういうことだと思いますか。私は最近まで、あまりよくわかっていなかった。

この情報はウィキペディアにも載っていますから見てください。けど、ウィキペディアだけでは心許ないですから、私は実際に英国の官報を調べました。コピーしたものを皆さんにお配りしました（次ページ参照）が、ちゃんと情報公開しているんですよね。英国は公開することで、意図的に日本を揺さぶっているのかもしれないけど。

大正10年の5月に昭和天皇が英国の名誉陸軍大将になるその3カ月前、大正10年2月12日に、第1次大本事件が起こります。

MONDAY, 9 MAY, 1921.

War Office,
9th May, 1921.

His Majesty the KING has been graciously pleased to appoint His Imperial Highness Hirohito Shinno, Crown Prince of Japan, G.C.B., G.C.V.O., to be Honorary General. Dated 9th May 1921.

Cl. II H.—Temp. Lt. E. A. Graham, Serv. Bn., Warwick. R. 26th Mar. 1920.

HD.-QRS. OF ADMIN. SERVS. AND DEPTS

Asst. Dir. of Port Traffic (Cl. X).—Comdr. (temp. Capt.) A. G. Bingham, C.I.E., R. Ind. Mar. 1st Apr. 1920.

Asst. Controller of Salvage (Cl. X).—Maj. A.

訳：陸軍省、1921年５月９日
英国国王陛下は、裕仁親王殿下、日本の皇太子、バス騎士団、ロイヤル・ヴィクトリア騎士団員を英国名誉陸軍大将に任命したことを非常に満足しておられる。1921年５月９日付

裕仁親王が英国名誉陸軍大将に任命された際の1921年５月９日付、ロンドン・ガゼット

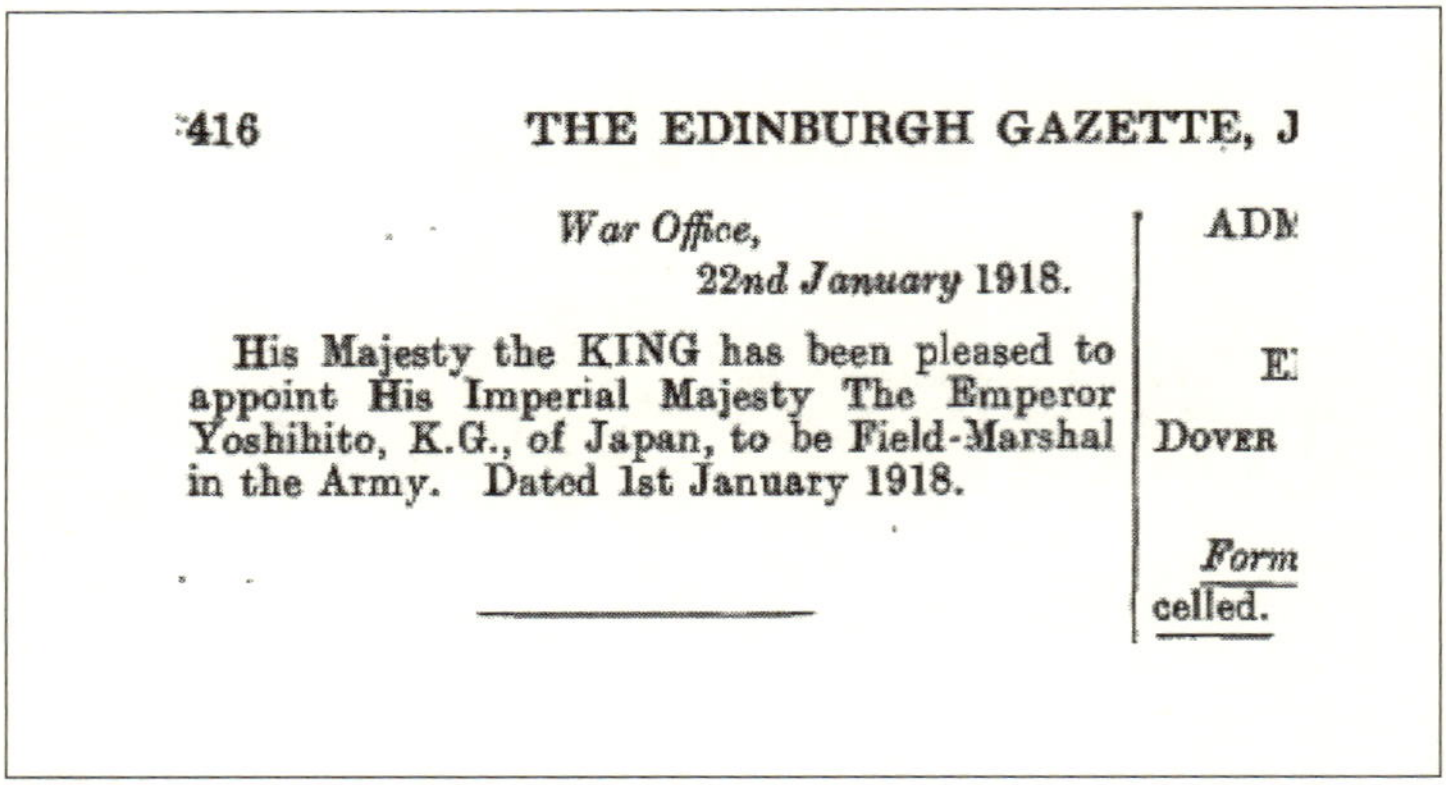

416 THE EDINBURGH GAZETTE, J

War Office,
22nd *January* 1918.

His Majesty the KING has been pleased to appoint His Imperial Majesty The Emperor Yoshihito, K.G., of Japan, to be Field-Marshal in the Army. Dated 1st January 1918.

ADM

E

DOVER

Form
celled.

訳：陸軍省、1918年１月22日
英国国王陛下は、嘉仁陛下、日本の天皇（大正天皇）、ガーター騎士団員を英国陸軍元帥に任命したことを満足しておられる。1918年１月１日付

大正天皇を英国陸軍元帥に任命した際の1918年１月22日付、エディンバラ・ガゼット

ここで言っておきたいのですが、大本というのはそもそも宗教じゃないんです。宗教法人でもない。だいたい王仁三郎は宗教というのを否定しています。王仁三郎によれば「大本」とは古事記のことだそうです。理想世界というのは何かといったら、宗教が全て滅びたのが理想世界です。僕も宗教は、本当のところ嫌いです。ただ、宗教が嫌いなのと、天国とか地獄を信じるとか信じないとか、神様をお祀りするとかいったことは、また別の話です。

王仁三郎は宗教家ではないし、自分を宗教家とも言っていません。王仁三郎が自分のことを何と言っているかというと、「世界改造業者」です。自分の娘・直日《なおひ》の学校に提出する書類の職業欄に書いたのが世界改造業者です。実際に、スサノオの経綸により、世界を動かし改造してきました。

王仁三郎は大正6（1917）年12月に十二段返しの歌で「今の天子偽者なり。綾部に天子を隠せり」と言った直後の12月1日に、次の瑞能神歌をつくりました。つまり、ニセモノの天皇が大和三山を踏むと大変なことが起こる、その大変なことが、次に示す歌です。

皆さん、いろいろな王仁三郎に関する神歌とか神示とかを読んでいると思うけれども、本当のものはこれです。こういった文章が王仁三郎の本当の予言です。だから自分でちゃんと審神《さにわ》してくださいね。


東雲《しののめ》の空に輝く天津日《あまつひ》の、豊栄《とよさか》昇る神の国、四方《よも》に周《めぐ》らす和田の原、外国軍《とつくにいくさ》の攻難き、神の造りし（中略）やがては降らす雨利加《アメリカ》の、数より多き迦具槌《かぐつち》に、打たれ砕かれ血の川の、憂瀬《うきせ》を渡る国民《くにたみ》の、行く末深く憐れみて（中略）アアいかにせん戊《つちのえ》の、午《うま》の春夏秋にかけ（以下、省略）

東雲の空は「日本の空」、雨利加は「アメリカ」、迦具槌は「爆弾」ですね。

この「つちのえ」の「うま」の春（大正7年春）に起こったことが、大正天皇が英国陸軍元帥になったことです。これでかわからないけれども、霊界では大激震、大変動が起こっているわけです。つまり、世界を大改革する前には日本の大改革があるけれど、その前に霊界の大改革があるわけです。大正7年に霊界の大改革が起こり、その影響が現界にあらわれるのに3年かかっている。つまり、大正10年に改革が起こっています。さらにそれが日本から世界に移るのに、ちょうど10年かかっています。

ここで言っている霊界の変動は大正7年から始まって、それが日本にあらわれたのが（前出の）年表を見ますと、大正10年10月18日（旧9月18日）の『霊界物語』の口述開始です。そしてその10年後の9月18日に満州事変として世界にあらわれました。その後、満州事変から盧溝橋《ろこうきょう》事件とかが起こって、太平洋戦争になっていきます。そういう順番です。この「大本神歌（一）」の最後を見てもわかるでしょう。

なく泣く縋《すが》る神の前、水底潜《みなそこくぐ》る仇艦《あだぶね》と、御空に轟《とどろ》く鳥船の、醜《しこ》のすさびに悩まされ、皆散り散りに散り惑う、木の葉の末ぞ哀れなる。

「水底潜る仇艦」というのは潜水艦です。日本のことを「木の葉の末ぞ哀れなる」と言っています。これはまぎれもなく敗戦の予言ですね。

大本弾圧の背後には英米国の存在があった！

昭和天皇が親王だったときに、英国の名誉陸軍大将になったと言いました。あくまで「名誉」ですね。大正10（1921）年2月に第1次大本事件が起こって、10月20日に本宮山神殿の破壊事件がありました。これが太平洋戦争の型です。さらに昭和10（1935）年12月8日、第2次大本事件になりました。第2次大本事件を雛型として、それが世界に発展したのが昭和16（1941）年12月8日の太平洋戦争です。

第2次大本事件と太平洋戦争のもっとすごい型があります。つまり、太平洋戦争が発生する前に、霊界で型がないといけない。霊界で物事が行われて、大本に移って、日本に移って、世界に移る。

皆さん、古事記に載っているイザナギとイザナミのお話はご存じですよね。イザナギがイザナミを追いかけて黄泉の国に行って、またイザナミがイザナギを追いかけてという話です（付録1参照）。いずれにしても大本事件、太平洋戦争の型は、古事記の黄泉比良坂《よもつひらさか》の戦い[*7]なんです。

日清戦争と日露戦争になぜ日本は勝って、太平洋戦争には負けたのか。これには神様から見て理由があります。日清戦争と日露戦争は、日本は東になる。太陽を背にして戦って、勝ちました。いわゆる神様を背にして戦った。だから勝ちました。

でも太平洋戦争は、日本が米国の西となったので神様（太陽）に向かって戦いました。だから負けました。これは王仁三郎の言ったことです。そのもとの話は古事記にあります。神武天皇が長髄彦《ながすねひこ》と戦うのに、太陽に向かって戦ったから負けて、熊野から入って、太陽を背にしてもう一回戦って勝ったということに由来しています。

大正10年2月の第1次大本事件の後、10月に本宮山神殿破壊事件があって、11月25日に裕仁親王が大正天皇の摂政になっています。

昭和５（１９３０）年の６月26日、今度は昭和天皇が英国の正規軍の陸軍元帥にな

War Office,
27th June, 1930.

REGULAR ARMY.

General His Imperial Majesty Hirohito, Emperor of Japan, K.G., G.C.B., G.C.V.O., to be Field-Marshal. 26th June 1930.

Col. M. L. Wilkinson, C.B.E., on attaining the age for compulsory retirement retires on ret pay 22nd June 1930, and is granted the hon. rank of Brigadier.

Col. A. J. Turner, C.B., C.M.G., D.S.O., retires on ret. pay 28th June 1930, and is granted the hon. rank of Brig.-Gen.

Bt. Col. G. G. E. Wylly, V.C., D.S.O., A.D.C. to The King, Ind. Army, to be Col., 26th Apr. 1930, with seniority 15th Nov. 1926.

（上から３行目までの）訳：正規軍
陸軍大将、裕仁陛下、日本の天皇、ガーター騎士団員（K.G.）、G.C.B.、G.C.V.O. を陸軍元帥に任命する。1930年６月26日

＊G.C.B.（Grand Cross in the Order of the Bath）――バス勲章（Order of the Bath）のうち、グランド・クロスに選ばれた人物に付与される称号。イギリスの騎士団勲章（Order）の一つ。日本では、伊藤博文が最初に授与、乃木希典陸軍大将や桂太郎陸軍大将・総理、竹下勇海軍大将も授与されている

＊G.C.V.O.（Grand Cross Royal Victorian Order）――グランド・クロス・ロイヤル・ヴィクトリア勲章のこと。グレートブリテンおよび北アイルランド連合王国（イギリス）の騎士団勲章。授与対象者は王室関係者とされ、王族および宮内長官から庭師や下僕に至るまでの王室に奉職した者へ、君主個人から贈られる勲章（団員章）である

＊K.G.（Knight of the Garter） ――ガーター騎士団員

＊Field-Marshal ――英国陸軍元帥

昭和天皇が英国の陸軍元帥に就任したことが書かれている、1930年６月27日付、ロンドン・ガゼット

FOREIGN SOVEREIGNS who are Colonels-in-Chief or Honorary Colonels of Regiments, &c., or who hold rank in the Army.

His Majesty Haakon VII., KING OF NORWAY, *K.G., G.C.B., G.C.V.O.*
Honorary Colonel, R.A.,T.A.

His Majesty Christian X., KING OF DENMARK and ICELAND, *K.G., G.C.B., G.C.V.O.*
Colonel-in-Chief, The Buffs.

Field-Marshal *His Imperial Majesty* Hirohito, EMPEROR OF JAPAN, *K.G., G.C.B., G.C.V.O.*

His Majesty Leopold III, KING OF THE BELGIANS, *K.G., G.C.V.O.*
Colonel-in-Chief, 5th Innis. D.G.

訳：英国陸軍元帥　裕仁陛下、日本の天皇、K.G.、G.C.B.、G.C.V.O.

英国アーミーリスト1941年第３四半期10月１日号24ページにも昭和天皇は陸軍元帥であると書かれている

っている。そして、皆さん、知っていましたか。1941年のアーミーリストでも、昭和天皇は英国の陸軍元帥となっているのです（前ページ参照）。ただ一方で、41年に解任されたという情報もあるので、どっちが本当かわからない。私は、名目的に解任したけれど、実際上はつながっていたんじゃないかと思っています。だって解任するわけがない。損じゃないですか。ずっと昭和天皇の首を引っ張っていたほうが絶対有利でしょう。だから私は実際には解任されてないと思います。

日本の天皇は日本国の天皇であり、陸海軍大元帥です。しかも日本の天皇が英国の陸軍元帥でもあった。まるで二重国籍みたいですよね。でも、別に二重国籍でもいいじゃないと思う。蓮舫《れんほう》さんかな、台湾と日本の二重国籍とかね。いいじゃない、まけてあげなよという世界ですね。私は関係ないし、もう終わった話だと思いました。だけど、お話しする以上は、一応、英国の官報も調べました。英国の官報では、さすがに国籍まで載ってなかったので、確認はできなかった。

しかし、私には疑問があった。昭和天皇と良子《ながこ》の事実上の仲人は、出口王仁三郎なんです。どういうことかというと、私の本を読んでもらったらわかるけれど、久邇宮《くにのみや》良子という人は、大本の信者さんが育てました。山田春三《やまだしゅんぞう》[*8]という人で、偉い大臣です。天皇にも王仁三郎は大本神諭を差し上げています。昭憲《しょうけん》皇太后も貞明皇后も王仁三郎の大ファン。貞明皇后なんか、あの時代にわざわざ綾部まで来ているんですよ。そして王仁三郎と話し込んでいる。だから王仁三郎は十二段返しの歌をつくれたともいえます。さらには、有栖川宮熾仁親王の子どもということも知っていた。

　そんなことを考えると、昭和天皇と良子が大本を弾圧するはずがないわけです。実際に大本を弾圧したのは誰かといったら、山縣有朋《やまがたありとも》です。それがわかりました。『霊界物語』の第52巻に全部書いてありました。僕はホームページにも発表しています(http://www.degucci.com/「大本事件を起こしたのは誰か、そしてなぜか」[出口王仁三郎の色鉛筆　出口王仁三郎大学])。山縣有朋と原敬《はらたかし》が大本事件の弾圧の当事者です。それはわかっています。

　くり返しますが、第1次大本事件の後、本宮山神殿破壊があった。そのほんのちょっとの間に、裕仁親王が英国の名誉陸軍大将になった。そして、その本宮山神殿破壊の1カ月後の11月25日に、今度は裕仁親王が大正天皇の摂政となる。この話は私が調査した限り事実です。間違っていない。つまり、これからいえることは、大本弾圧の背後には英国がいたということ。そして米国もいました。

王仁三郎が対米戦争を予言したから、太平洋戦争になったのではないかと思う人がいるけど、まったく違います。米国は少なくとも日露戦争の前から対日計画を立てていました。おそらく1853年のペリー浦賀来航より以前から計画されていたと思う。「オレンジプラン」といいます。「対日50年計画」ともいいます。

アメリカは、日本政府が大本と組んで日米戦争を扇動しているといって、日本をたたいて、王仁三郎をたたいた。しかも、王仁三郎は正統な皇位継承者らしい。昭憲皇太后も王仁三郎に日本を託そうとしたと思われるし、貞明皇后もわざわざ王仁三郎に会いにきたし、よほど特殊な「六六六《ろくろくろく》」*9の外圧がないと大正天皇も昭和天皇も大本を弾圧する動機がない。ただ大正天皇は脳病であり、皇位継承資格があったかは疑問であり、出生の疑惑もある。裕仁親王も真実の天子・王仁三郎が世間で圧倒的な支持をえているのに恐怖していただろう。飯森正芳《いいもりまさよし》・福島久子の讒言《ざんげん》を受けて、山縣有朋の王仁三郎への憎悪も鑑《かんが》み「六六六」を使った大本弾圧に天皇は追い込まれたのではないか。そしてその頃、裕仁親王は英国の名誉陸軍大将になっている。

出口王仁三郎という人間は人心を掌握し政財界、一般大衆の心を掌握しつつあり、自分たちがコントロールできるような相手ではないと、アメリカは考えていた。そこでアメリカは、昭和天皇を利用して王仁三郎を潰すことを考えたのではないか。つまり、大本弾圧をすることや、本宮山神殿の破壊と、昭和天皇が英国の名誉陸軍大将に任命されるのと摂政の就任との間には、何か取引があったのではないか。

王仁三郎は「祭誤」『霊界物語』第64巻上[*10]に大本は、大本に入信した飯森という海軍大佐が王仁三郎にとってかわろうとして福島久子という大本内の反王仁三郎勢力と組み、日本全国に布教とともに反王仁三郎宣伝をした。ロックフェラーのアメリカが前述のお札博士ことスタール博士を使い、大本の悪宣伝をしたのも飯森・福島コンビの策謀であり、「六六六」を使って王仁三郎の肉体の自由を奪ったとわかるように書いてあります。

とにかく昭和天皇も孝明天皇も全部、王仁三郎のお友達なんです。昭和天皇も大本の本を読んでいます。なのに弾圧する。これは、アメリカがおいしい餌で釣っていたからで、「大本を弾圧すれば、おまえを陸軍大将にしてやる」とか「大正天皇は英国正規軍の元帥であり、これは大変名誉なことだ。そしたら英国の国籍を与えよう」とか「大正天皇にかわり昭和天皇にしてやる」とか……。「もし拒否すれば明治維新の真相を明かす。そして、親王の秘密を明かす」と脅迫したのかもしれない――ま、そんな秘密があれば、の話ですが。いや、そんなことは絶対になかったはずです。私がこんなことを言っていると陰謀論者にされてしまうから、「なかったはず」だけれども、どうでしょうね……。

いずれにしても、大本弾圧事件というのはもっと大きな視点から見てみると、王仁三郎が世界の立替えをするために、ある意味でわなにかけたのかもわからない。実際に「六六六」、つまりロックフェラーを使ってやった大芝居です。そもそも王仁三郎は、大本の神殿破壊をオーケーしているんですからね。

この本宮山神殿は王仁三郎がつくったんですが、これは日本で初めてのアメノミナカヌシノカミ、天の御三体の大神を祀る神殿です。説明したようにアメリカ政府が大本弾圧の圧力をかけてきた。そのとき王仁三郎は、わざわざ天の御三体の大神を潰してくれと言ったわけです。つまり、本当の主神《スしん》、世界の造物主たる大神を潰せと。それは結局、太平洋戦争とか世界戦争の引き金を政府とかアメリカに引かせたということです。王仁三郎自身が直接的に世界中を壊すわけにはいかない。これは神様の、、、仕組み、、、なんです。

王仁三郎の吉岡発言が天皇の人間宣言をもたらした

マッカーサーの夢の話をします。

桜井重雄さんという人の奥さんが夢の中でマッカーサーを見ました。「美男子であるが後ろから光が照らしているので、光源を見ると聖師《せいし》（王仁三郎）から光が出てマッカーサーを照らしている」。この夢の話を聞いた王仁三郎が言いました。「マッカーサーもスターリンもスリ鉢の中の味噌である。スリコ木を廻している者が判らないのだ」

つまり、王仁三郎は世界をスリ鉢の中に入れているのです。スリ鉢の中にスターリンとかチャーチルとかヒトラーとかルーズベルトとか、いっぱいお味噌として入れて、それをスリコ木でかき回すわけです。うまくできたら「おみそならハナマルキ」でおいしいんですけどね。そんなばかなことを言う人は「マルキスト」というんです。どうでもいいけどね。

みんなユダヤ人が諸悪の根源だとか、陰謀論者の人たちとかは言っているけれど、世界を回しているのはロックフェラーでもロスチャイルドでもないです。本当は出口王仁三郎が太古のスサノオとして世界を回していました。今言った全ての人の背後に王仁三郎がいました。

「ス」の拇印というのがあります。王仁三郎の右手の拇印、これがアメノミナカヌシのマークです。王仁三郎の右手の拇印は「ス」の拇印といいます。この話をするのも時間がかかるので簡単に言いますけど、「ス」の拇印があるということは、王仁三郎がアメノミナカヌシノカミの顕現であるということの証明なんです。それを孝明天皇も知っていました。

マッカーサーを操っていたのは王仁三郎です。桜井重雄夫人がマッカーサーの夢を見たのは昭和20（１９４５）年10月４日。初めてこれを聞いたとき、日本を支配したマッカーサーの背後にいたのが王仁三郎だというのはとんでもないと私は思いました。

だけど、10月4日に何が起こったか。さっきまで述べたことは『誰も知らなかった日本史』に書いてあるけれど、ここは書いてないことです。

マッカーサーの夢を見た10月4日に、GHQが「自由の指令」を出しました。その1週間後の10月11日には、婦人の解放、経済の民主化などの「五大改革指令」を出しました。そしてその後に出された指令が「神道指令」といいまして、国家神道の廃止です。大本は国家神道じゃないし、宗教でもない。だから国家神道が廃止になっても、王仁三郎の存在がなくなるわけじゃない。ただ、日本の天皇を支える宗教が全部廃止になった。

神道指令というのは昭和20年12月15日、GHQが政府に対して発した覚書です。ここからがおもしろいところで、12月15日に神道指令が出て、日本の神道が廃止になりました。廃止になったら天皇家のバックボーンがなくなりました。その後、昭和20年の12月30日に王仁三郎は吉岡発言[*11]をしています。

吉岡発言というのは、大本事件についての回顧です。王仁三郎が大本事件を回顧した吉岡発言で、何が言いたかったのか。簡単に言ったら、太平洋戦争で日本が負けた

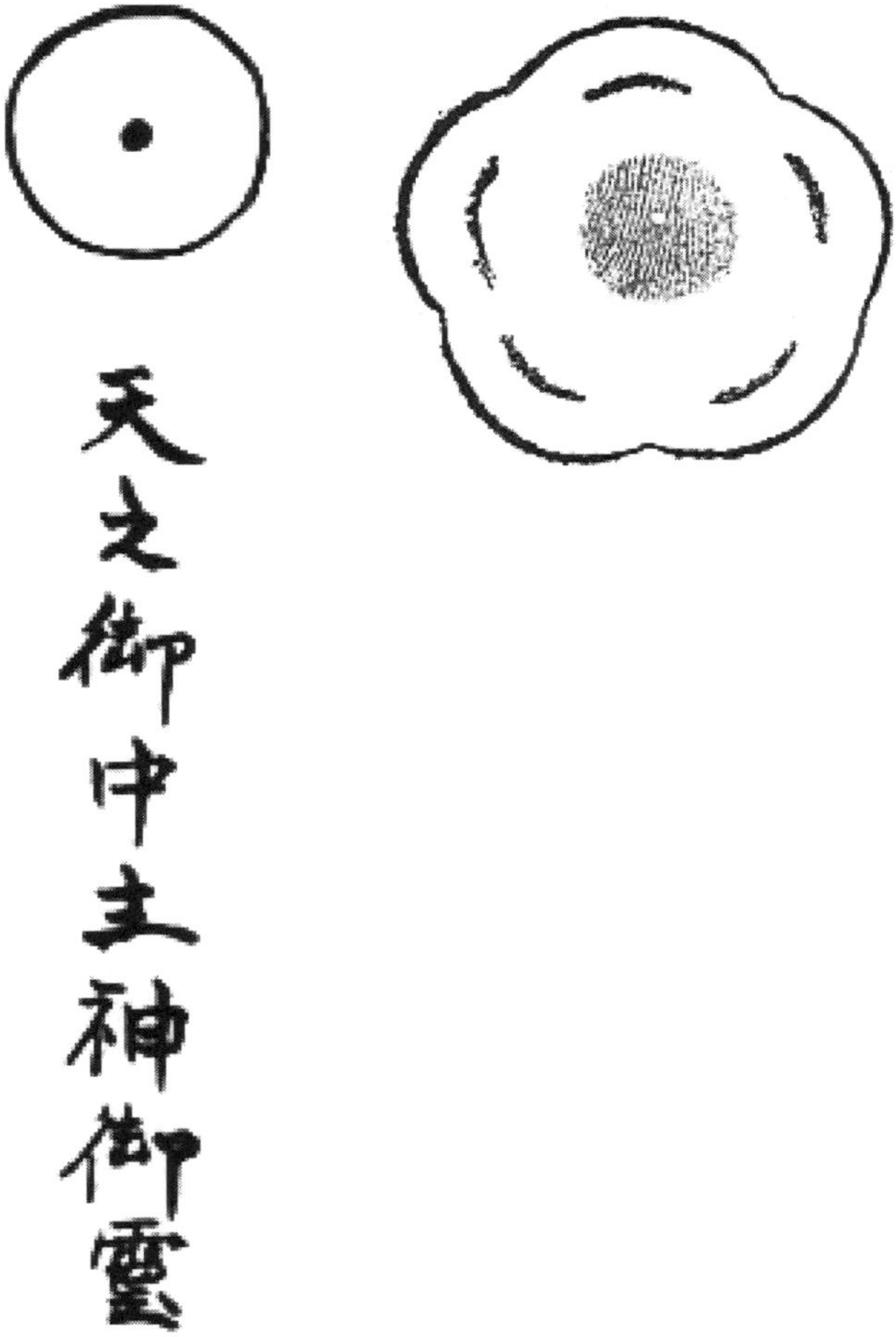

（右）王仁三郎の拇印
指紋の中央にまるく穴があいており「⊙（ス）」の形になっている
（左）フトマニのアメノミナカヌシノカミのマーク

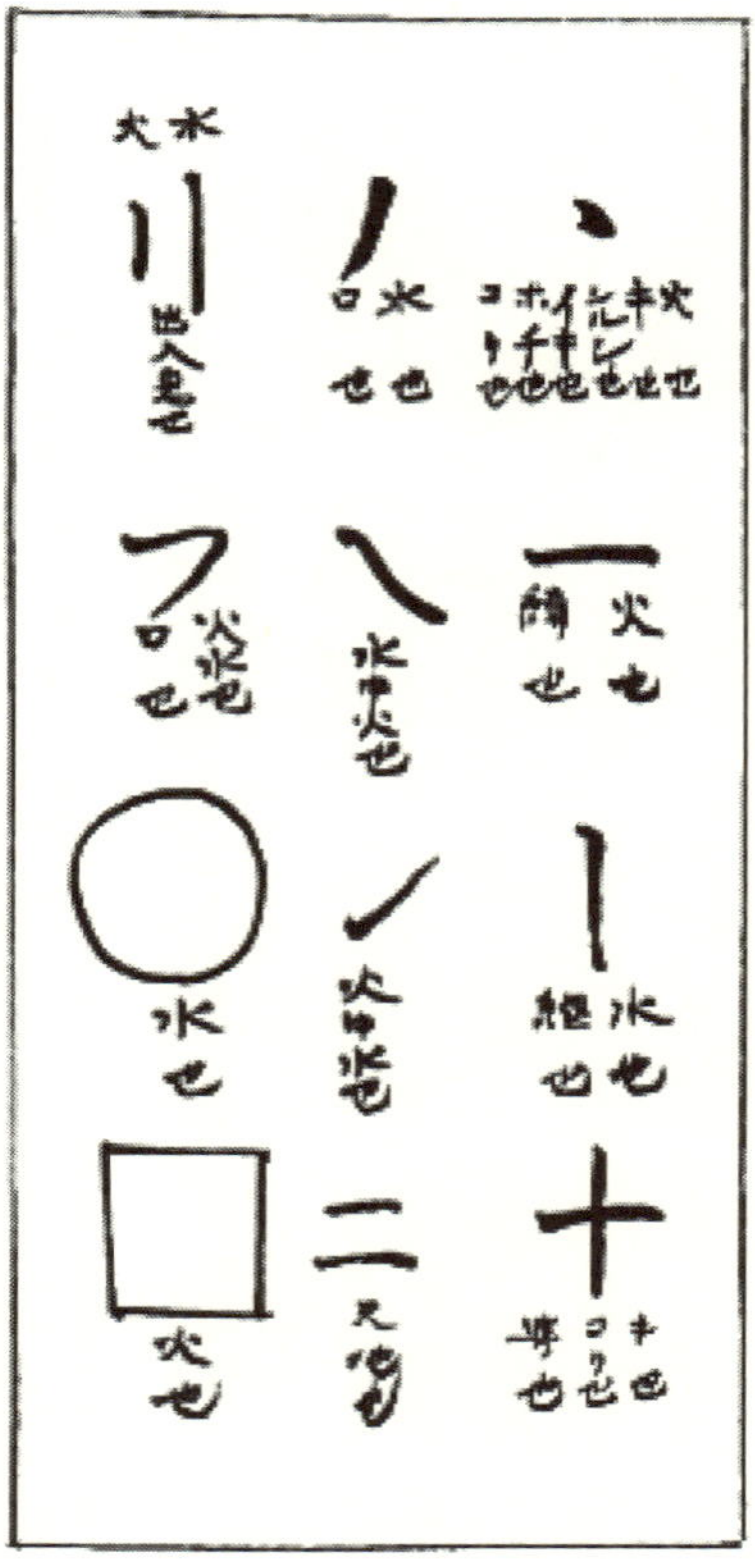

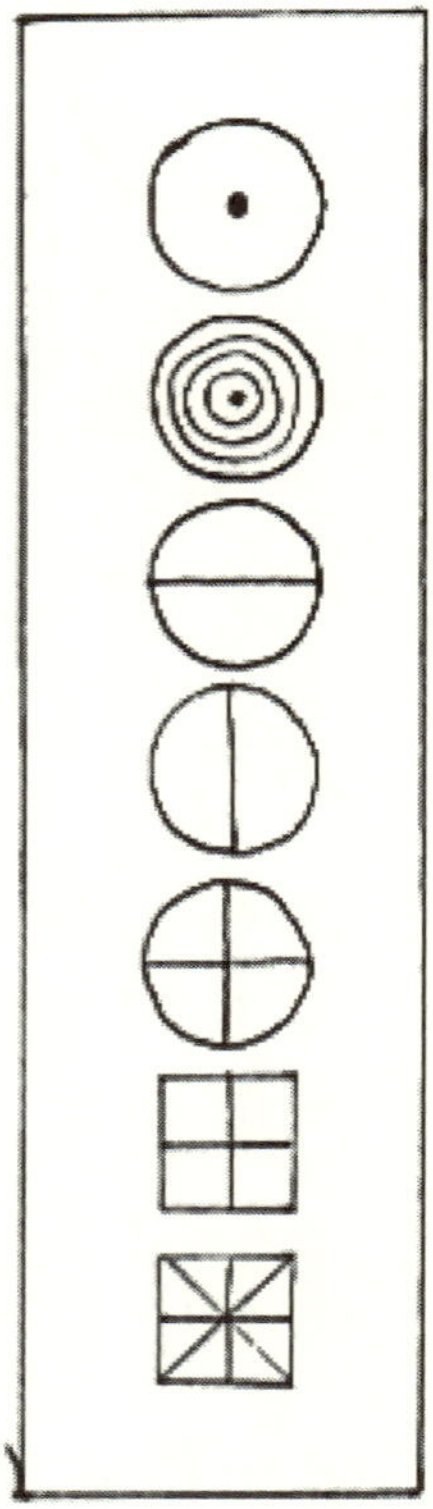

（右）布斗麻邇御霊《ふとまにのみたま》　一名火凝霊《かごたま》という
（左）この形は、布斗麻邇御霊より割別《さきわか》れたる水火《いき》の形なり。これをもって天地の氣《いき》を知ることを得る

のは天皇を現人神《あらひとがみ》にしたからだということを、多少遠回しでしたがはっきり言いました。

つまり、自分に都合のいい神社を偶像化して、国民に無理に崇拝させたことが間違いのもとで、天皇を現人神にしたのが太平洋戦争の敗戦の原因だと言ったのです。要するに、明治維新が太平洋戦争敗戦の原因ということです。うそから始まった明治維新であるから、ずっとうそを吐《つ》き続け、内政に関する不満をそらせるために大本弾圧とか領土拡張を続けた。王仁三郎は当時の日本をドロボー会社だと語っています。

昭和20年12月30日、王仁三郎は、日本が負けたのは天皇を現人神にしたからだという吉岡発言をした。でも、昭和天皇ほど素直な人はいないと思います。世界で一番素直な人です。王仁三郎ははっきり言って、別に偉い人でも何でもない。いったん捕まって、釈放されました。その偉くない王仁三郎、別に役人でも何でもない人が「あんたが現人神になったから日本は負けた」と言いました。そうしたら、すごくタイミングがいいことに、昭和21（1946）年1月1日に、天皇が人間宣言をしたわけです。12月30日に王仁三郎が「おまえが神でないのに神と言ったから、太平洋戦争に負けた」と言ったその2日後に、天皇が人間宣言をして、「私は神ではありません」と言った。ものすごく素直ですよね。これは王仁三郎と天皇の関係性が窺《うかが》える出来事です。

おもしろいことに、吉岡発言からさかのぼること54年の明治24（1891）年の12月30日には、王仁三郎のお父さんである有栖川宮熾仁親王が神宮祭主になっています。神宮祭主といったら伊勢神宮の祭主だけじゃない。日本の全ての神宮の祭主です。

ちなみに伊勢神宮と深い関わりがあるのは出口家です。具体的に言うと、綾部本宮山に出口家の遠祖がトヨウケノオオカミを祀っていました。祀っていたのが比沼麻奈《ひぬまな》為《い》神社というところで、そのトヨウケノオオカミの神社が京都の峰山《みねやま》に移されまして、今は峰山に元伊勢《もといせ》として比沼麻奈為神社があります。綾部のトヨウケノオオカミがアマテラスオオミカミのお告げのもと、出口家がお供をして、トヨウケノオオカミの神霊が伊勢の度会《わたらい》に行きました。その途中に、王仁三郎が生まれた穴太《あなお》の宮垣内《みやがいと》に行っています。そこでお宮さんをつくりました。移転したものの今も残っています。それは郷《ごう》神社といいます。天橋立にある丹後一宮元伊勢の籠《この》神社の海の奥宮である沓島《めしま》の御神体の一つは出口王仁三郎の鉄鏡です。

そういう出口家なんですけれど、王仁三郎のお父さんが全部の神宮の祭主になったのが明治24年12月30日。そのやっぱり2日後、新旧は異なりますが、明治25（1892）年の正月元日に艮の金神が綾部にあらわれた。

この艮の金神とは、簡単に言ったらアマテラスオオミカミ*12なんです。アマテラスオオミカミが艮の金神だということはわかっています。また、艮の金神がエホバということもわかっています。エホバはアメノミナカヌシノカミであるということもわかっているし、ゴッドでもある。

とにかく、そんな世界をつくったアッラーであり、造物主というのには、出口家の造物主とか○○家の造物主とか、そういうのはないんです。そもそも神は一柱《ひとはしら》しかないわけです。全部一緒のものなのです。ただ取り次ぐ人が、勝手に解釈して名前をつけただけです。神様というのは、名前も位も形もないものです。

第3部

地球を守るために引き起こされた世界大戦！

天皇は八岐大蛇、王仁三郎が本物の天子

何度も言うけど、私がうれしかったのはトランプが大統領になったこと。これで世界が変わると思った。世界が変わって、本当にすばらしい世界が訪れる可能性が出てきました。だから私が今回話そうと思ったのは、神様の本当の意思は何かということです。誰もわからないでしょう。僕は初めてわかったので、それを話したかった。

大和三山のお話はもうしました。もし天皇が大和三山を踏むなら、世界中を巻き込んで大変なことになる。十二段返しの歌というのはよくわからないだろうけれど、「今の天子偽者なり。綾部に天子を隠せり」ということ。そのときに王仁三郎は、今の天子は八岐大蛇だと言っているわけです。これはすごい話なんですよ。ニセモノどころじゃないんです。八岐大蛇ということは、本当の悪神だと言っている。

『霊界物語』というのは、本当の皇祖神であるスサノオノミコトと八岐大蛇との戦いの物語です。第2次大本事件では、不敬罪が一つだけ有罪として残った。でも本当は検察の作文に王仁三郎は小指で指紋を押捺したと書かれてある。つまりこれは「不承知」という意思表示だった。結局、一審は不承知の供述調書に基づいた違法判決だったんですけどね。それで最終的には、昭和20（1945）年10月17日の大赦令で大本事件は検察・司法当局の脇目も振らずの必死の逃げにより消えたんだけど。

不敬罪が何で有罪に残ったかというと、王仁三郎が天皇は八岐大蛇、そして自分が本物の天皇だと言ったから（不承知）、それだけなんですよ。単にそれだけで、あれだけの大弾圧が起こったわけです。裏を返せば、本当に言われたくなかったんでしょうね。もっと早く明治維新のときに暴露していたら、内政への不満を外へ向けるための太平洋戦争も起こらなくて済んだし、王仁三郎にかかる神も太平洋戦争なんてする必要はなかったわけです。

昭憲皇太后から託された重要な秘密

大正6年11月16日に、貞明皇后（大正天皇の皇后）が綾部を訪れて、結論的には王仁三郎と会っていると先ほどお話ししました。そこで昭憲皇太后は何と言ったか。ここをちょっと読んでみます。

孝明天皇様は南朝を押し立てる者どもに暗殺されてお亡くなりになり、ご即位間もない、稚い睦仁親王様も殺されていずこかへ捨てられ、南朝の後胤《こういん》と称する大室寅之祐がすり替わって皇位に就いたこと。熾仁親王様も責任をとって割腹自殺され、北朝系のお血筋はもはや貴方様を残すのみで御座います。南朝系の者どもの謀略と武力で、日の本の国の行く末が案じられます。何も知らされていない人民が一番可哀想です。

これは昭憲皇太后、つまり明治天皇の奥さんが、鶴殿親子《つるどのちかこ》を通じて王仁三郎に伝えたメッセージです。現物の証拠はなくなっているらしいけど、でも証言は残っています。

あと、証拠とかはないんですけれど、有栖川宮家というのは、南朝の霊を祀っていた家だということはおそらく本当です。出口王仁三郎は社を訪れて後醍醐天皇に霊的に会っています。そのときの記録が残っています。そこをちょっと読んでみますね。

約束の神社で後醍醐天皇の神霊は聖師に対して、まず初めに自らの魂の救済を求め、つまり臨終の際の憤怒《ふんぬ》に充ちた怨念《おんねん》の地獄の想念から解き放たれて、安寧《あんねい》の天国へ導かれるように願い、次に南朝系の後胤たちが北朝系の諸人《もろびと》に加えた数々の愚行《ぐこう》を詫《わ》びて許しを乞い、さらにやがて来る国難を告げ、聖師のはたさねばならぬ贖《あがな》いの大役を哀れんで、涙を溢《あふ》れさせたのであろう。

これは山本昌司さんという人がいろいろ取材して、王仁三郎の言っていた言葉を聞いて『大本に生きる』という本に書き残しています。そこからの引用です。

僕は歴史でも何でも、どんなことでもわからないことは全部『霊界物語』とか王仁三郎の文献から調べることにしています。そうしたらズバリみんな出てくるんですよ。世界のどんなことでもそこで調べます。

ちなみに明治天皇の奥さんは昭憲皇太后ということですが、『霊界物語』を読んでみると、どうもそれも2人いたと思われます。『霊界物語』の第41巻18章にこんな言葉がありました。『霊界物語』の登場人物に実在の人間を当てはめて（推測して）読んでみますね。


「織仁親王様、私は江戸からあなたを慕いはるばる参りました。許婚の妻、ヤスダラ姫（和宮）でございます。どうぞサマリー姫（堀河紀子《もとこ》、岩倉具視の妹）との縁を切り私をあなたの妻としてくださいませ。そうしてどうぞ一番尊きお顔を拝ませてくださいませ」とうつむく。

この場面は和宮なんだけど、ニセモノの和宮です。

「バラモン教の大棟梁（大室寅之祐）は、一夫多妻主義だ。先の妻（鬼雲姫＝昭憲皇太后一条勝子《まさこ》）を追い出して、第二の石生能姫《いそのひめ》（昭憲皇太后一条美子《はるこ》）を本妻にあそばし、我々に手本をお示しくださった以上は、何もはばかることはない」

この写真（次ページ参照）の洋装の姿、これは一条美子といいます。もう１枚の和装の写真は一条勝子です。私はそう思っています。この２人が同じ人に見えますか。どう考えても同じじゃないですよね。しかも、同じであるはずがない。だってそうでしょう。大室寅之祐（明治天皇）が、睦仁親王の奥さんをそのまま自分の嫁さんにすると思いますか。ありえますか。あなただったらしますか。絶対にしないよね。その

（上）1872年撮影のもので、こちらは勝子（まさこ）だと考えられる
（下）1889年撮影で、美子（はるこ）だと考えられる

ときの大室寅之祐の立場だったらどんな女性でも自由になるし、だったら殺すに決まっています。ちょっとやばい話だけど、殺さないわけがないでしょう。そうしなかったら喜劇でしょう。

僕は、そもそも大正天皇の奥さんの貞明皇后自身がよくわかってない。幕末・明治のとき、朱貞明《しゅていめい》という中国人がいました。それと貞明皇后の関係がわからない。もしかしたら朱貞明の子どもが貞明皇后じゃないか。でも、それに関しては『霊界物語』から出てこないから何とも言えない。あくまでこれは私の勘です。

だいたい一条美子が亡くなったときも、死んだ日をひそかにごまかしていますし、やっぱりそれも怪しい。

まあ、この話は今日の本題から外れますのでまた別の機会にお話ししますね。

米国が今の天皇家を操っている！

さて、王仁三郎の「綾部に天子を隠せり」は、「天子となるべき者、すなわち私（王仁三郎）は綾部の大本に隠れている身で、今の天子はニセモノで八岐大蛇である。若い奇稲田姫《くしなだひめ》を飲もうとした八岐大蛇が、現御皇統に化けて約3000年もの間、日本を統治し、約3000年統治した現在も、天皇陛下に化けて日本を統治している」と言ったわけです（予審供述調書・不承知）。

あの時代にこんなことを言って、捕まらないことが考えられますか。むしろよく殺されなかったと思います。ただ懲役5年は残った。それでも、最終的には無罪になってちゃんと生きて帰ってこれたんですよ。なぜかというと、これは本当のことだから。

大本事件の裁判記録を見ると、王仁三郎が言っているのか、検察が決めつけているのかはわかりませんが、神武天皇自身がユダヤ、フリーメーソンみたいに言っているように私には思えます。だけども、間違えてはいけないのは、フリーメーソンの存在自体が全て間違いというわけじゃないということです。それは神様の仕組みでつくられているから。

八頭八尾の八岐大蛇ですけれど、「米」という字を頭に浮かべてください。米は米国の米でしょう。八十八と書きますね。八十八というのは八頭八尾、八岐大蛇という意味です。つまり、米国というのは八岐大蛇。だから王仁三郎は、アメリカのことを八岐大蛇というふうに使ったこともある。現御皇統が八岐大蛇だということは、今の天皇家を背後で操っているのはアメリカだということです。

アマゾンにＥＶＩという検索エンジンがあります（evi.com）。ＥＶＩの検索バーに英語で質問すると本当のことを回答してくれます。私は“what was hirohito's nationality”と打ち込みました。そうしたら“Hirohito was British and Japanese.”と出てきました。これに対して、明治天皇とか大正天皇とかいろいろ調べましたが、昭和天皇だけが、British and Japanese と出てくる。EVIがうそを吐いているのか、EVIの人工知能が間違えているのか、はたまたごまかしているのか。いったい何なんですか、これは、という感じですね。

しかし、間違いではないと思います。裕仁天皇というのは英国人なんです。日本人であり、かつ英国人。想像できますか。しかも、日本の陸海軍大元帥であり、英国の陸軍元帥だった。英国の陸軍元帥ということは、英国と米国というのは同盟国ですから、イコール米国の陸軍元帥であるのと一緒です。

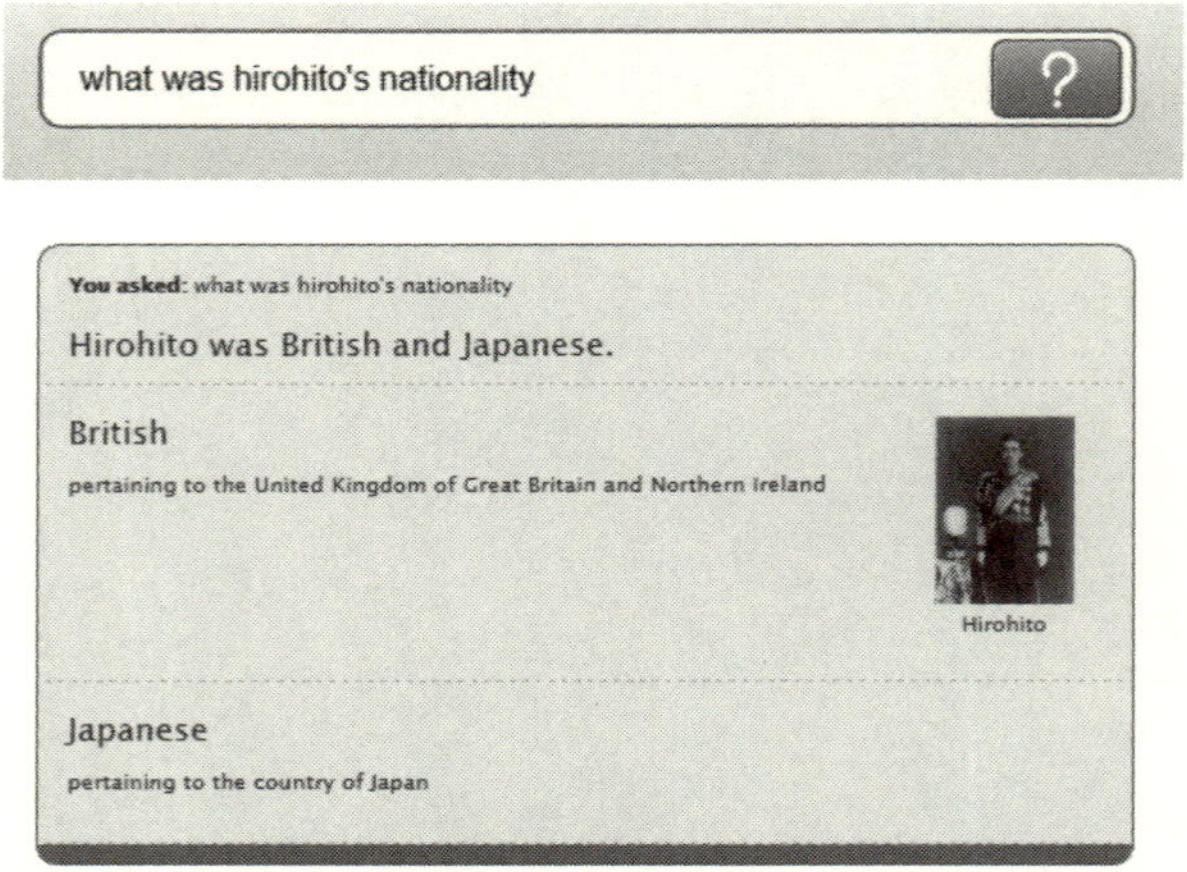

アマゾンのEVI検索で昭和天皇について問い合わせたところ、「裕仁（昭和天皇）は英国人であり日本人である」という回答が得られた

昭和天皇はアーミーリストによると、１９４１年第４四半期（10月1日～12月31日）には非掲載なので、解任されたことが窺えます。しかし、第３四半期（同年7月1日～9月30日）のリストには掲載されています。

第2次世界大戦が始まって、１９４０年9月27日に日独伊三国同盟が締結されていたにもかかわらずそのままで、おそらく１９４１年12月8日の太平洋戦争の英米開戦と同時に、あるいは遡及《そきゅう》的に解任されたものと思われます。だけど、その少し前までは英国陸軍元帥だった（ガゼット〈官報〉に解任の記録は見つけていない）。

僕が思ったのは、例えば私が英国の陸軍元帥であり、かつ米国の陸軍元帥であり、日本の元帥であったとして、野球の試合をしますね。天皇は日本というチームのバッターとします。野球をするときに命令をもらうでしょう。相手チームであり身内でもある英国からの命令と、自チームである日本のバッターとしての役割がまったく矛盾したらどうしますか。例えば私がバッターならどうしたらいいかわからない。私がその立場だったら間違ったふりをして3塁方向に走ります。3塁方向に行ったとしても、私の立場としては別に間違いじゃない。つまり、日本を負けさせるために英国の命令にも従うし、努力もします。

私は本当に野球がわからない。子どものとき、実際に3塁方向に走ったことがあるんです。また私は人生の中で2回だけサッカーでゴールに絡んだことがある。1回はオウンゴールで、もう1回は自分の味方のゴールになるボールをはじき返した。それで2回ゴールに絡んだことがあります。

つまり、もし僕が天皇の立場だったら、サッカー選手であればオウンゴールするし、野球選手であれば3塁側に走ります。太平洋戦争を見てください。事細かには言えないけれど、なんで裏で敵の米国から石油や武器を買って戦争するの？ 敵から買って勝てるわけないじゃない。アメリカはなぜ真珠湾攻撃がわかっていたのに、ハワイに知らせなかったの？ なぜ米国は東京大空襲で大本営の置かれた皇居を爆撃しなかったの？ 敵の頭を取れば、戦争は終結でしょ。昭和天皇は英国陸軍元帥で英米の味方だったから？

神風特攻隊はなぜ、時に帰りの石油を入れずに出撃させられたのだろう。戦闘機を消耗し、優秀なパイロット自身を戦死させるためではないよね。まったくもって戦争目的がわからない。

今思えば、英米の空母を撃沈させたらバツが悪いよね。でも、そんなことは知らず、好きな人の写真を秘密で服に縫い付けて、「帰ってきてね」と抱きとめられて、多くの人が出撃したよね。

英米の戦争屋の戦争目的は対戦国にお金を貸し付け長引かせて、相手を破滅させながら稼ぐことだったのではないのか。戦争を長引かせてビジネスの実入りを大きくするためではなかったのかな。私に言わせればわけがわからない。変だね。でも、太平洋戦争の現実はそうじゃないかと思う。

昭和天皇は悪い人だとされ、金銀財宝を隠したとか、裏切ったとかよく言われています。しかし、それ以前の問題として、英国の陸軍元帥は解任されたかもわからないけど、アマゾンのＥＶＩで見る限り、昭和天皇は英国人なわけです。英国人である限り、英国の国王の命令に背けないでしょう。だから結局、どんな状況下だったとしても結果は一緒だったと思う。

救世主とは個々人を救う存在ではなく、世を救う存在

次の文章を読んでみます。

このさき戦争は必至

「戦争があるとか無いとか、また景気が好くなるとか好くならぬとか、新聞や雑誌または単行本によって人々が迷うておりますが」と聞く人があるが、結論は既にきまっている。瑞の神歌によって神示されている通りじゃ。何も迷うことはない。断乎としていったらよいのじゃ。よくなるようでも、それは一時の現象かまたは策謀によるものであって、次第に悪く迫る道程に過ぎない。八岐の大蛇の迫りきたってただ一つ残された国、奇稲田姫なる日本を併呑《へいどん》せんとす

る事は免れ得ぬことになっている。いろいろの宣伝や迷論に迷うては取り返しのつかぬことになる。一路神示のままに邁進することじゃ」

一つの宗教教団では、いわゆる結論がすでに決まっている。「瑞の（能）神歌」というのはさっきの「大本神歌」（66〜67ページ参照）ですけど、それによって決まっている。どんなに頑張ってもだめだって、こんなこと普通、言いますか。

そもそも今の文章はおかしくないですか。『霊界物語』とは、スサノオと八岐大蛇の壮大な戦いの物語です。スサノオノミコトは王仁三郎、八岐大蛇はアメリカの象徴として使われます。奇稲田姫というのはスサノオノミコトの妻神。また日本のこと。妻神なる日本を八岐大蛇（米国）に食べさせろと言っているわけです。私にも嫁さんがいます。私の嫁さんを敵対する人に食べさせろっておかしいでしょう。ここに神の経綸《しぐみ》を感じ取れませんか。つまり、明治維新の後片づけができない、自己改革できない日本は、いつの時代も同じ。今も同じ。だから、八岐大蛇に徹底的に日本を破壊してもらって、過去の日本を全て潰す。すると、新しく日本が生まれてきます。

王仁三郎の目には戦後の日本と世界がありありと映っていた。王仁三郎という人は、過去の日本を１００％否定します。全て否定します。全部否定して本当に生き残るものだけが本当のものだと言うのです。

神社の関係者の方、ごめんなさいね。日本の神社が祀っているのは、死んだ英雄とか、死んだ人。あとは動物霊を祀っていることが非常に多い。僕はキリスト教徒じゃないですけど、でもエホバというのは本当の造物主だし、アッラーもそうです。日本は祀らぬといかぬ本当の神様を祀らずに、実在した人とか、蛇とか、キツネとか、そういうのを祀っている。つまり、邪神のすみか[*13]になっているわけです。それで神様は、どうしようもないから大掃除する。でも日本の神社はそれと知らないで、本当の神や真の神もお祀りしているんですよ。日本の神様は本来なら一つだけで、一神教であるべきなのに。

例えば、御神殿の台所が汚い。木造の家だとして、ウジ虫とかがいっぱい湧いているとします。神様としたら、それを全部たたき潰して、立派なすばらしいお城をつくりたい。でも、それを潰そうと思ったら、そこにいるウジ虫が文句を言うわけです。

ウジ虫から見たら、建替えようとする神様は悪魔です。

救世主というのは世を救う存在であって、個々人を救う存在じゃない。個々人を救おうと思ったら、お医者さんに頼むとか、占い師に頼むとか、整体の人に頼むとかしたらいいわけで、神様に頼む話じゃない。神様というのは、世の中を救う存在。それをわかってください。救世主はあなた方一人一人は救わない。でも、本当に一人一人を救おうと思ったら、出口王仁三郎に頼んだら救ってもらえる。王仁三郎をエスペラント語にするとONI＝人類、SAV＝救う、ULO＝者、つまり救世主を意味します。それはおいておいて。

手元の資料（63〜64、70〜71ページ参照）に僕が調べました英国の官報が載っています。大正天皇が英国の官報に載っているし、昭和天皇も載っているし、アーミーリストにも載っている。それからアマゾンのEVIの検索、皆さんもやってください。いろいろ入れてみてください。本当のことがわかります。

本にも載せたけれど、日本で最初に出た拾圓札の図案がご覧のとおり米国なんです（左から見ると「米国」の文字がデザインされている。しかも国には「玉」の字がな

（左上）ロスチャイルド家の紋章、（右上）拾圓札、（左下）日本銀行の紋章、（右下）天皇家の紋章。どれも似通っている

い！）。つまり、完全に日本はアメリカの支配下にある。例えばネットで見ると、ロスチャイルド家の紋章、天皇家の紋章、日本銀行の紋章は、モチーフがほとんど一緒です。要するに、支配者は全部一緒ということです。

ドナルド・トランプが火力文明を終わらせる！

神様は人々が苦しむのがわかっているのに、なぜ世界大戦などをあえて起こすんでしょうか。

イザナギとイザナミの間に火の神様がいます。火《ひ》の迦《か》具土《ぐつち》神《のかみ》といいます。自分の子どもである火の神の迦具土神を、イザナギノミコトが首を切って殺します。何で殺したんですかね。かわいそうじゃない。イザナギノミコトが殺した火の迦具土神というのは何か。あの場合のイザナミノミコトというのは地球のことです。地球が火の神の迦具土神を産んだ。

イザナミノミコトは火の神の迦具土神を産んで亡くなり、黄泉の国にまかります。王仁三郎の『言霊解《ことたまかい》』によれば、ここでの火の神の迦具土神とは火力文明のこと。古事記にあるように、迦具土神が生まれまして、すなわち今日は、交通機関でも、戦争でも、生産機関でも火力ばかりの世の中で、火の神の荒《すさ》ぶる世となりました。火の神を産んで、地球の神様である、地球そのもの、いわゆる国魂《くにたま》であるイザナミノミコトが亡くなりました。この世の中はほとんど生命がないのと同じようになった。そこでイザナギが「私の愛する地球が滅亡しようとしているのは、火の迦具土神が生まれたからである」と語ります。火の迦具土神、つまり火力文明です。それが戦車になったり、飛行機になったりするでしょう。結局、お互いに殺し合いをするわけです。これじゃ何にもならない。地球がまず大事だから、地球を守らぬといかぬから、だから自分の子どもである火力文明を殺す。それが神様の考えなんです。

現代にたとえてみれば、いくら文明の利器が進歩しても、交通が便利になっても、当時米国の大統領だったブッシュが９・11を起こす。３・11、東日本大震災も人為的なもので、人工地震です。あれもブッシュやクリントンなどのネオナチ勢力、イスラエルによる日本への奇襲攻撃だったと思う。

ちなみに、世界で一番早く３・11が人工地震だと言ったのは私です。それは冗談でもうそでもない。なぜかといったら、当時私は三洋電機にいて、瞬間的に西暦の合計が18になるとわかった。しかもその直後に、震源の深さが10キロメートルという情報を得た。これは人工地震です。僕は三洋電機で仕事中に宣言しました。みんなポカンとしていましたけど、間違いなく世界で一番早かった。僕はその後、人工地震の研究家ともメールのやりとりをしていました。

火の文明が進んだこの地球の惨状を見るに忍びずして、もうこうなったらしようがない。これだけ火の文明が進んだというので、十拳剣《とつかのつるぎ》をもって迦具土神の首を斬られたということは、戦争をもって物質文明の潮流を一掃された、いわゆる首を斬ったということになる。

十拳剣を抜くのは、一般にはスサノオです。王仁三郎は自分をスサノオと言っている。つまり世界大戦を起こすのは、はっきり言って出口王仁三郎にかかっている神なんです。古代のイザナギとイザナミの黄泉比良坂の戦いも、王仁三郎の神霊が起こしました。目的は火力文明、残虐なる戦争を終焉させるためです。

ここから汲み取れることは、近代で言えば、ドイツのカイゼル（ヴィルヘルム2世）とか、某国の大統領とか、全ての首領を指したことです。すなわち、軍国主義の親玉の意図というのは各々に異なるため、つまり英米独仏蘭とか、そういういわゆる帝国主義諸国とか、金銀為本《きんぎんいほん》諸国、そういった国のそれぞれ異なる親玉の意図を破滅させるために、大戦争をもって戦争の惨害を悟らしめる。本当に戦争というのはこんなことだよ、おまえたちわかっているのかと。そのために王仁三郎は自分が世界大戦を起こした。そのためにルーズベルトもヒトラーも全部使うと言っていたわけです。これは本当の話で、実際、さっき言ったみたいに、王仁三郎がマッカーサーを使ったのは間違いありません。

実際にドイツのカイゼルが退位したのが1918年。ロシア皇帝ニコライ2世も1917年に退位し、1918年にはロシア革命で一家ともども殺されました。大本神諭ではその後、悪の神様はウィルソン大統領についたととれる記述があります。ウィルソン大統領が、現在も問題になっているFRB（連邦中央銀行）をつくるのを詐欺的な方法で承認しました。今のFRBの問題のもとはウィルソンということです。ウィルソンがオーケーしなかったらこの機関はできなかった。

解説すると、金銀為本経済というのは、物事の価値を全て「金」で判断する。土地所持を制限されているユダヤ人の考え方です。1918年に第1次世界大戦の結果、英国の国力が衰えて、米国に集中していくのを見て、ユダヤ人が自分たちの拠点をアメリカに移した。十拳剣、すなわち神界よりの懲戒的戦争なる神剣の発動をもって、自然に軍国主義のロシアやドイツを倒し、カイゼルを失脚させた。ここで言っているのは、世の中が混乱すればするほど、一方にこれを立直そうとする善の身魂《みたま》が湧いてくるということです。

これを現代に当てはめれば、ロックフェラーというのは石油の王様でしょう。石油支配者、まさに火力文明のトップがロックフェラーです。あるいはロスチャイルドはウランでしょう。別の意味での火力文明のトップがロスチャイルド。今はもうロックフェラーもロスチャイルドもどんどん死んだり、世界に追われてどんどん逃げたりしているようです。どちらもみんな上の人は死んだという話もある。今、世界の大革命が起こっています。

いずれにしても、現代において火力文明の代表が石油を支配するロックフェラー、あとはクリントン、ブッシュなどのネオナチ勢力、あるいはウランを持つロスチャイルドグループです。ドナルド・トランプは火力文明の一方の象徴たるクリントンといぅか、ロックフェラーに戦いを挑み勝利しました。

僕はこれが日本を本当によくすると思う。つまり、今までロックフェラーとかロスチャイルド、そのバックには、わからないけれどイエズス会がいるとかいいますが、とにかく、彼らに勝ったんですよ。僕はトランプは本当に勝てると思っていたけど、実際に勝ったのには驚きでした。つまりこれは我々国民というか、本当の人間界の支配者、火力文明に対する勝利です。

王仁三郎の神霊は、残虐なる戦争を終わらせるために世界大戦を起こした。

要するに、私がここで言いたかったのは、トランプが火力文明、ロックフェラーとかクリントン、ブッシュに勝って、これで世界が本当に改革されるということです。

これで日本も変わるでしょうし、世界も変わるでしょう。トランプはプーチンとも仲よしだし、そうしたら中国も、アメリカともロシアとも仲よくなります。ようやく残虐なる戦争の終焉を迎えることができそうですね。

質疑応答

出口　僕は、自分の知らないこと以外は全部知っています。自分に都合の悪いことは都合よく忘れますから、何でもいいですよ。

質問者A　きょうは初めて参加させてもらいました。ありがとうございました。
トランプさんが大統領になりましたが、彼は暗殺されるんじゃないかなと思っているんですけど、それはどうなんでしょうか。

出口　大丈夫です。神様が守ってくれます。出口王仁三郎が必ず守る。僕が暗殺されないように応援しますから、間違いなく大丈夫です。トランプというのは「大勝利」という意味だから負けることはない。皆さん、トランプを応援してください。お願いします。

質問者B　トランプさんの話が出たのでついでに聞くのですが、日本の政権も、もしかしたら変わるんじゃないかと思っているのですが、どのようになると先生は予測されているのでしょうか。

出口　一つ話せるのは、もしかしたら今の政権のいろいろな人が逮捕される可能性がありますね。つまり、今の政権を操っているのはブッシュ、ヒラリーのいわゆるポチなのかな。どうなんでしょうね。

質問者C　王仁三郎さんの、これから世界を、日本なり皇室なりを中心に統一していくプロセスの一部は今お話しいただいたと思うんですけれども、最終形はどんな感じですか。

出口　王仁三郎は、『霊界物語』64巻上の「大相撲」の中で、アメリカと日本が世界の東西の両大関になって戦うと言っています。その後、登場するのがユダヤで、世界を統一すると示唆しています。ユダヤが世界を統一するんだけど、ユダヤはアブラハムでしょう。アブラハムというのは油の王様。アブラハムのもとはシュメールで、シュメールのもとは日本です。「日本」の定義にもよりますけどね。いずれにしても、いったんユダヤが世界を統一する。しかしその文脈は日本にも当てはまるように読めるんですね。精神文明ではありえなくもないけど、真実のユダヤは日本だと言ってるみたいで。それは一時的なもので、また変わります。つくったり壊したり、壊したりつくったり。

質問者D　きょうのお話で、マッカーサーが少し出てきました。アメリカを中心とした勢力が、日本政府と取引したとは言いませんけれども、それで第２次大本事件の弾圧が行われたと思います。欧米のフリーメーソン勢力は、出口王仁三郎の今回の本に書かれている神業というか『霊界物語』をはじめとする予言めいたことをどの程度まで知っていたのでしょうか。

出口　王仁三郎はフリーメーソンとは全然関係ないです。フリーメーソンの神はルシファー、左目です。アマテラスオオミカミは、イザナギノミコトが左目を洗ったときに生まれた神。つまり、アマテラスオオミカミは左目の神です。ルシファーも左目の神様なのです。「眼」は、左が「目」、右が「艮」。アマテラスオオミカミは艮の金神というか、アマテラスオオミカミの元が艮の金神、つまりクニトコタチノミコトです（注釈＊12参照）。

「艮」は「初め」という意味であり、同時に「とどめ」という意味。「固め（カタメ・間）」という意味。「初め」イコール「アルファ」。「とどめ」イコール「オメガ」。そして「固め」。「我はアルファなり。オメガなり」。艮の金神は、端的に言ったらエホバです。トヨウケノオオカミでもある。伊勢神宮に祀られている神でもあるのです。「ス」の拇印は、フトマニのアメノミナカヌシのマークです。そして、「ス」の拇印があるということは、王仁三郎はアメノミナカヌシノカミの顕現であることに孝明天皇が気づいたということ。王仁三郎が本当のスメラミコトであることを孝明天皇は知っていた。それが本当かどうか私は証拠をつかめていないけどね。

シオンの議定書を日本に初めて持ってきたのは王仁三郎です。矢野《やの》祐太郎《ゆうたろう》（海軍のエリート将校で大本に入信。脱退後は大本の肝川グループを掌握した）を通じてね。王仁三郎は過去・現在・未来の世界のことを全部わかっていました。私の家にも、サンフランシスコ湾にどんな船が何隻あるか、暗号で書いたものがありました。そして、王仁三郎はフリーメーソンを使っていました。だけども、王仁三郎自身がフリーメーソンではない。フリーメーソンも、王仁三郎にどう使われたかを知りません。フリーメーソンは悪です。ある意味、フリーメーソンは知らないうちに神様に使われているときもある。

今、人工地震だとか世界中の気象を操作するＨＡＡＲＰ（ハープ）とかというのがありますよね。あれは私は何とも言いかねる。ただ、「フリーメーソン」イコール「絶対悪」とは言い切れない。現代文明は全てフリーメーソン文明です。イルミナティは私は嫌ですね。怖い。地震、雷、火事、親父——親父は関係ないけど、神に挑んだバベルの塔を思い出してしまう。天まで届きそうな塔の建築をしたために、人類が散り散りばらばらにされ言葉が通じなくなったという話ですが、現代の世界においても、地震兵器、人工台風とか、神の領分を神のせいにして侵し続ければ、人類がいつか神に滅ぼされてもしようがない。でも相応の理から神も存在しえなくなるかもしれないけど……。

また、王仁三郎はユダヤを否定していません。私は本当のユダヤは日本ではないかと思っています。王仁三郎はユダヤに対して悪いことを言ったことがない。フリーメーソンのことを王仁三郎は全部わかっていた。おそらくフリーメーソンは、王仁三郎が本当の神だということをわかっていたから、大本弾圧で王仁三郎を殺さなかったのでしょう。もし殺してしまったら本当の神、エホバを殺したと同じになるからです。「王仁三郎」イコール「アメノミナカヌシの顕現」だから、そんな神を殺したら、大変なことになる。もしかしたらエホバは「王仁三郎の神」イコール「フリーメーソンの神」かもしれない。宇宙をつくった神をそれぞれの名前で呼びました。アッラー、エホバ、ゼウス、阿弥陀、ゴッド、クニトコタチノミコト、いろいろ。神は名前も形もありません。

「日本の神社に祭ってある神様は昔の英雄で死神死仏ばかりで、キリスト教のゴッド、すなわち不老不死の生神を祭ってあるところは一カ所もない。邪教だといって禁じているから、一つも今度の御用に立つ神様はない。死んだ獅子は鼠が自由にするのである」（『新月の光』昭和20年3月8日）。「だからつまらない野蛮教だと云つて居るが、斯かる連中は我国の神典を了解せないからの誤りである」（「瑞言祥語」『出口王仁三郎全集5』）と王仁三郎は言っています。

わかりやすく言えば、例えばイシカワさんという人がアメノミナカヌシを「これは自分のシンボル」としたように、ユダヤ人も日本人もフリーメーソンも「これが私の神」とそれぞれ名付けただけのことです。結局は全部、同じなんです。宇宙の創造主はいくつもあるわけではないんです。

注釈

＊1　「熾仁親王」に関連する歌

戦前の大本教団内では王仁三郎のご落胤問題は公然の秘密だったが、不敬罪へのきわどい危険を冒してまでもなぜ、と思いたくなるほどの数を詠んでいる。これには、さりげなく後世へ残そうとの意図とはまた別の、激しい執念を感じる。

なお、ここで取り上げる姓名読み込み歌は、主として『ふたな日記』（昭和3年7月発行）、『東北日記』第1〜8巻（昭和3年8月〜4年2月発行）、機関誌『神の国』（昭和3年7月号）からの抜粋である。

《落胤として、田舎の貧農の家に生まれた歌》

川上ゆ流れて来**たるひと**つ桃　拾ひまつりし媼《おうな》かしこき（著者注・川上は有栖川。桃は実に筋が入っているところから割れ目の意がある。桃の節句は女子の祝い。ここでは変性女子《へんじょうにょし》を指す。媼は出口ナオのこと）

草村の中に落ち**たる人の種**　芽ばえそめたる神の御代かな（著者注・落ちたる人と種で落《らく》

胤《いん》を表している）

《「高天原」「天津空」（宮中・遥かに遠くかけ離れた所）／「五十鈴川《いすずがわ》」（伊勢の皇大神宮の神域を流れる清流で、伊勢神宮を暗示している）／「雲井」などに「たるひと」を結びつけ皇室を示唆する歌》

天津神　言《こと》よさし**たる人の子**は今くさむらの中にかがやく

五十鈴川清き流れに浮かびたる　桃の実こそは世の宝なる

一輪の梅花の種と生れ**たる**　**人の子**ひとり御代になみだす

高天原紫微《しび》の宮より降り**たる**　**ひと**つの魂ぞ世の光なる（著者注・紫微宮は古代中国の天文学で、北斗星の北、天帝の居所とされた星座。天子、天位にたとえられる）

地の上の罪あやまちを清めんと　天降り**たるひと**ぞ神なる

久方の天津空より降り**たる**　**ひと**の世に立つ神世美はし

《王仁三郎こそ天より落ちた一粒の種として深い経綸が秘められていることを示唆する歌》

久方の雲井の空を後にして　天降りし神を知るや知らずや

人の子と生れ出で**たるひと**粒の　種に花咲く時は近めり

手と背《せな》に貴の聖痕《せいこん》しるし**たる**　**人**の言霊《ことたま》天地動かす（著者注・王仁三郎の掌《て》にはキリストが十字架にかけられた時の釘の聖痕があり、十指には天下筋が通り、皆流紋《かいりゅうもん》があった。また背にオリオン星座の三ツ星の形の黒子《ほくろ》があった）

内流を受け**たる人**は沢あれど　直接内流受けしはひとりのみ

《「たるひとの子」の読み込み歌（たるひとのこ［熾仁の子］となると、さらに具体的になる）》

天津神言よさし**たる人の子**は今叢《くさむら》の中に輝く

天津神地上の為に降し**たるひとの子**独り世を偲《しの》び泣く

天地の神の光りと生れ**たる**　**人の子**証《あか》す三つの天柱《みはしら》

現し世に疲れ果て**たるひとの子**を神国に救ふ三五《あなない》の道

《「霞」「堂」などを読みこんだ歌（熾仁親王の本邸は東京の麹町霞関二丁目にあり、親王はそれに因んで号を「霞堂」と称した）》

一切の権威を持ちて生れ**たる**　**人の子**霞を放れ地に生く

ひさかたのかすみの堂に子と生れ　広く天地の教を世に布《し》く

《熾仁の漢字を読み込んだ歌》
熾《さかん》なる稜威《みいづ》照らして**仁**愛の　徳を広むる人の出でませ
熾なる**仁**愛にます神の子は　早地の上に天降りますらむ

《有栖川を詠みこんだ歌》
ありとある**す**べての物も山**川**も　よりて仕ふる御代ぞ恋しき

《有栖川宮熾仁を詠みこんだ歌》
ありありと**す**みきる和知の**川**水は　汚れはて**たるひと**の世洗ふ

＊2　瑞能神歌（大本神歌）

「大本神歌」は、王仁三郎が大正6年12月1日に未来を見通して作った予言歌である。「瑞能神歌」という冊子に「いろは歌」と共に収録されており、「瑞能神歌」とも呼ばれている。（以下、出口和明著『大地の母』第12巻「永久の道」より引用。読みやすいように旧仮名遣いを新仮名遣いに改めたり、漢字を仮名に直したりしている）

（一）

東雲《しののめ》の空に輝く天津日《あまつひ》の、豊栄《とよさか》昇る神の国、四方《よも》に周《めぐ》らす和田の原、外国軍《とつくにいくさ》の攻難き、神の造りし細矛《くわしほこ》、千足《ちたる》の国と称《とな》えしは、昔の夢と成りにけり。今の世界の国々は、御国に勝りて軍器《つわもの》を、海の底にも大空も、地上地中の撰《えら》みなく、備え足らわし間配りつ、やがては降らす雨利加《アメリカ》の、数より多き迦具槌《かぐつち》に、打たれ砕かれ血の川の、憂瀬《うきせ》を渡る国民《くにたみ》の、行く末深く憐れみて、明治の二十五年より、露の玉散る刃《やいば》にも、向いて勝ちを取らせつつ、なお外《と》つ国《くに》の襲来を、戒しめ諭し様々と、神の出口の口開き、詔《の》らせ給《たま》えど常暗《とこやみ》の、心の空の仇《あだ》曇り、磯吹く風と聞流し、今の今まで馬の耳、風吹く如き人心、アアいかにせん戊《つちのえ》の、午《うま》の春夏秋にかけ、心落ちいぬ荒浪の、中に漂う苦しみは、神ならぬ身の知る由も、なく泣く縋《すが》る神の前、水底潜《みなそこくぐ》る仇艦《あだぶね》と、御空に轟《とどろ》く鳥船の、醜《しこ》のすさびに悩まされ、皆散り散りに散り惑う、木の葉の末ぞ哀れなる。

（二）

聯合《れんごう》の国の味方と今までは、成りてつくせしカラ国の、悪魔邪神《まがつのかみ》が九分九厘、モウ一厘の瀬戸際に、旗を反《かえ》すと白露《しらつゆ》の、その振舞いの非義非道、凡《すべ》ての計画《しぐみ》を狂わせて、勝つべき戦争《いくさ》の負け始め、永びき渡る西の空、黒雲晴るる暇も無く、独り気儘《きまま》の仕放題、印度の海も掠《かす》め取り、ここにも深き経綸《しぐみ》為《な》し、次いで浦塩《ウラジオ》日本海、我物顔に跳梁《ちょうりょう》し、トントン拍子に乗り出して、神の御国を脅迫《おびやか》し、モウ一息《ひといき》と鳴戸《なると》灘《なだ》、渦巻き猛《たけ》る荒浪に、大艦小船残り無く、底の藻屑《もくず》と亡《ほろ》ぶるも、綾の高天に最《い》と高く、空に聳《そび》えし言霊閣《ことたまや》、天火水地《てんかすいち》と結びたる、五重《いづえ》の殿に駆け登り、力の限り声限り、鳴る言霊《ことたま》の勲功《いさおし》に、醜鳥船軍艦《しことりふねいくさぶね》、水底潜《みなそこくぐ》る仇艇《あだふね》も、皆それぞれに亡《ほろ》び失せ、影をも止めぬ惨状《みじめさ》に、曲津軍《まがついくさ》も慄《おの》のきて、従い仕《つか》え来る世を、松と梅との大本に、世界を救う艮《うしとら》の、神の稜威《みいづ》ぞ尊とけれ。

(三)

綾の高天《たかま》に顕《あら》われし、国常立《くにとこたち》の大神の、神諭《みことかし》畏こみ謹《つつし》みて、厳《いづ》の御魂と現われし、教え御《み》親《おや》の神勅に、日清間の戦いは、演劇《しばい》に譬えて一番叟、日露戦争が二番叟、三番叟は此度の、五年に渡りし世界戦、竜虎相打つ戊《つちのえ》の、午《うま》の年より本舞台、いよいよ初段と相成れば、西《シ》伯利亜《ベリア》線を花道と、定めて攻め来る曲津神《まがつかみ》。力の限り手を尽し、工夫を凝らし神国を、併呑《ひとのみ》せんと寄せ来り、天の鳥船天《そら》を蔽《おお》い、東の空に舞い狂い、ここに二段目幕が開く。三段いよいよ開く時、三千余年の昔より、国の御祖《みおや》の選まれし、身魂《みたま》集る大本の、神に仕えし神人《かみびと》が、御祖の神の給いたる、日本心《やまとごころ》を振り起し、厳の雄猛《おたけ》び踏み猛び、厳の身魂を元帥に、瑞《みづ》の身魂を指揮官に、直日の御魂を楯と為し、何の猶予も荒魂《あらみたま》、爆裂弾《ばくれつだん》の勇《いさ》ぎよく、神の軍《いくさ》の奇魂《くしみたま》、奇《く》しき勲功《いさお》は言霊の、天照る国の幸魂《さちみたま》、言平和《ことむけやわ》す和魂《にぎみたま》、魂の助けの著《いちじ》るく、轟《とどろ》く御代を松の代の、四十有八《よそまりやつ》の生御魂、言霊閣《ことたまのや》に鎮まりて、四方《よも》の国々天《あめ》の下、治めてここに千早振《ちはやぶる》、神代ながらの祭政《まつりごと》一致、開き治めて日の本の、現津御神《あきつみおや》に奉《たてまつ》る、常磐《ときわ》の御代ぞ楽しけれ。

（四）

カラ国の天《そら》に漲《みなぎ》る叢雲《むらくも》も、砲烟《ほうえん》弾雨も晴渡り、日の出の守護と成るなれば、こよなき御国の幸なれど、十重に二十重《はたえ》に累《かさ》なりし、糸のもつれのいや繁《しげ》く、解《と》る由なき小田巻の、繰り返しつつ行く程に、東の空にもつれ来て、退《ひ》くに退《ひ》かれぬ破目と成り、いよいよ出師《いくさ》と成る時は、五十余億の軍資をば、一年経《たた》ぬ束の間に、烟散霧消《うんさんむしょう》の、大惨事、巨万の生霊土と化し、農工商の国本も、次第次第に衰ろえて、青菜に塩のその如く、彼方此方《あなたこなた》に溜息を、吐《つ》くづく思案に暮の鐘、進退ここにきわまりて、天を拝し地に伏し、狼狽《うろたえ》さわぐ弱虫の、カラの身魂は自《おのず》から、現われ狂う憐れさよ。されど日本は千早振、神の守りし常磐国《ときわくに》、国の真秀《まほ》国珍《うず》の国、神が表面《おもて》に現《あ》れまして、御国を守り給いつつ、世界を救い玉えども、まだまだ心許されぬ、一つの国の御空より、降る雨利迦《アメリカ》の一時雨《ひとしぐれ》、木枯《こがらし》さえも加わりて、山の尾の上の紅葉《もみじば》も、果敢《はか》なく散りて小男鹿《さおしか》の、泣く声四方《よも》に竜田山、神のまにまに四ツの尾の、山の麓の竜館《たつやかた》、集り居ます神々の、厚き恵みに照り返す、紅《からくれない》の楓葉《かえでば》の、元の姿ぞ目出度《めでた》けれ。

＊3　（日本は）世界の親国

『霊界物語』第1巻20章に、地球を中心とする宇宙の源は「日本」であること、神が宇宙を創られるときの竜体としてのお姿が「日本列島」であると書かれている。そこから世界を一軒の家にたとえて、日本が宇宙・世界の神棚としている。

出口王仁三郎は本来、日本人は金色人種であり、白人は銀色人種（『大本言霊学 梅花篇』）だという。また、赤みがかった髪の毛をもつ人がアダムとイブの子孫で、髪の毛が黒くまっすぐな人が天の神様の直系であるという。

＊4　人工地震

人工地震が疑われる地震には、特有の共通するサインが見られる。

1．地震発生の年号・日付などを足して18になるものが多い（六六六の合計が18になるからという説がある。すなわち、それらの周辺の人が起こしているからともとれる。足し方は西暦からすべての数字をばらして加算したり、日付のみを加算したりなど、その時々によって異なる）。
2．海底や地中などに核兵器を使用した場合、震源が10キロメートルと浅い場合が多い（と言っても、震源の浅さは後でより深いものへと訂正されているケースが非常に多い）。おそらく電磁波兵器（HAARP）が使用されていたり、近年では地球深部探査船「ちきゅう」の関与があるからだと考えられる。
以上を踏まえて、諸状況で人工地震と考えられ、かつ18と絡む地震を私が知る範囲で列挙する。

地震名	発生日（数字）	マグニチュード	震源の深さ
昭和東南海地震	1944年12月7日（4+4+1+2+7=18）	M8・0	40キロメートル
サンフランシスコ大地震（ロマプリータ地震）	1989年10月17日（1+0+17=18）	M6・9	18・5キロメートル
ロサンゼルス大地震（ノースリッジ地震）	1994年1月17日（1+17=18）	M6・7	14・6キロメートル
阪神・淡路大震災	1995年1月17日（1+17=18）	M7・3	16キロメートル

パキスタン大震災	2005年10月8日（10＋8＝18）	M7・6	26キロメートル
中国四川省地震	2008年5月12日（2＋8＋5＋1＋2＝18）	M8・0	19キロメートル
中国青海省地震	2010年4月14日（4＋14＝18）	M7・1	10キロメートル（米国地質調査所による）
東日本大震災	2011年3月11日（2＋1＋1＋3＋11＝18）	M9・0	10キロメートル
熊本地震	2016年4月14日（2＋1＋6＋4＋1＋4＝18）	M6・5	10キロメートル

＊5　天と地の立替え

「天と地の立替え」とはどういうことか。これについては『霊界物語』第78巻16章の「天降地上」にヒントが示されている。

　天の一方を眺むれば、一塊の雲片《うんぺん》もなき紺青《こんじょう》の空に、上弦の月は下界を照し給ひ、月舟《げっしゅう》の右下方に金星附着して燦爛《さんらん》と輝き渡り、月舟の右上方三寸ばかりの処に土星の光薄く光れるを打ち眺めつつ、三千年に一度来る天の奇現象にして稀有《けう》の事なりと、神々は各自御空を仰ぎ、葦原《あしはら》の国土の改革すべき時の到れるを感知し給ひつつ、御歌詠ませ給ふ。

（「天降地上」『霊界物語』第78巻16章）

［現代語訳］

天の一方を眺めると、雲一つない紺青の空に、上弦の月が下界を照らし、月の右下あたりに金星が寄り添って燦爛と輝き、月の右上9センチばかりのところに土星がうっすらと光っていた。これは三千年に一度やってくる天の奇現象であり、めったにないことだと神々は各々空を仰ぎ、葦原の国を改革すべき時が来たことを感知しつつ歌を詠んだ。

そのまま読むと、天空の出来事を表しているだけのようだが、実は現界のことにも置き換えられる。

まず「金星」だが、これは神界でいえば「国津神」のこと。現界に置き換えると、終戦を迎え新しくのし上がろうとする実力者たち（身分制度外で差別され続けた人たちも含む）や高邁《こうまい》な実力者たちを表す。一方、「土星」は「天津神」で、言い換えれば天皇や貴族、上流階級の人々のことである。

そして「三千年に一度やってくる日本の国土を改革すべき時期が到来した」とは、上に立つ神たち（天津神）が下に立つ人々（国津神）と入れ替わるような、（世界大戦や洪水・地震などの大災害も含む）人類が終末を覚悟しなければならないような「大破局（＝大峠）」の到来を意味している。これが「天と地の立替え」である。

＊6　オリオン

オリオンとは、ギリシヤ神話に出てくるゼウスの弟で大海原を治めるポセイドンの子、海上を自由に歩ける狩りの好きな美しい巨人。太陽神アポロンの妹・月の女神アルテミスに愛されたが、アルテミスは兄神アポロンにあざむかれ、海中を歩くオリオンを殺してしまう。気がついたアルテミスは、嘆きつつその死体を天の星の中にとじこめてしまった――。

この「オリオンが海を治める神の子で太陽神と争って星に囚われる」エピソードは、スサノオの宿業《しゆくごう》を暗示しているといえる。もっとも王仁三郎は大本弾圧事件の公判において、スサノオがアポローンに相当することを示唆している。また、王仁三郎の背中には、オリオン星座と同じ三ツ星の黒子があった。

ギリシヤ神話中に現れたるアテナの神と云ふのは天照大神様の事で、アは（天）テは（照）ナは十字即ち神である。アポロの神と云ふのは、天津日の神と云ふ事で、アは（天）ホは（日）ロは（御子）の意である。（「アテナの神」『月鏡』）

天照大神ハ「アテーナ」女神、須佐男命ハ「アポローン」ノ神ニ相当ルトシ、大国主命ノ国土奉還ノ所デハ高天原朝廷ノ根堅州国即チ殖民地ヲ大国主命……上申書被告人出口王仁三郎（『新月の光』）

王仁三郎はスサノオを皇祖神としており、まさに天津日の神・太陽神とも読める。

＊7　太平洋戦争の型は、古事記の黄泉比良坂の戦い

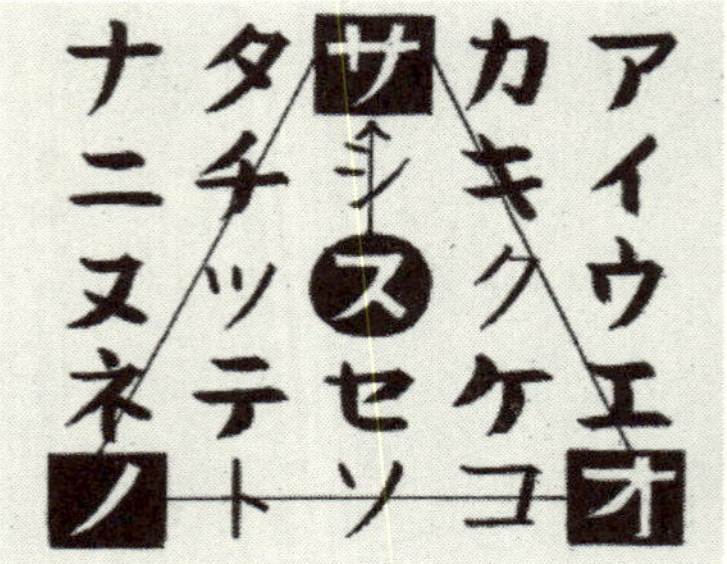

「スサノオ」と囚われ人の「囚」でオリオンを示す「ノアとナオの方舟図」

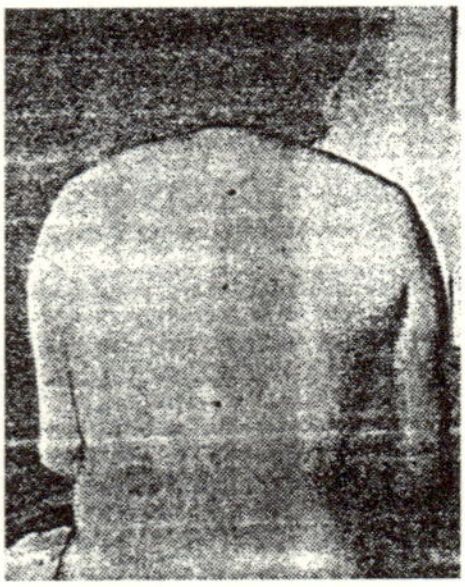
王仁三郎の背中にある黒子。線でつなぐと、オリオンの三ツ星になる

出口王仁三郎の言行録には、次のような記述がある。

「今の太平洋の戦は黄泉比良坂の戦である。南洋の島は陥没した黄泉島《よもつじま》の高い所である。［昭和19年4月9日］」『新月の光』」（参照：『霊界物語』第10巻1章。15章および31章。古事記上巻「黄泉比良坂」の段）

これはどういうことかというと、黄泉島とは日本から見た名前で、米国の方角から見たら曲津島《まがつじま》となる。「マガツ」は言霊返しで「ム」のことで、すなわちマガツがあまりにはびこり、神に沈められたムー大陸のことを指す。ムー大陸の地図は、王仁三郎によれば下図のとおり（『新月の光』より）。ゆえに、その一部にあったハワイの真珠湾をめぐる戦い＝太平洋戦争を意味している。

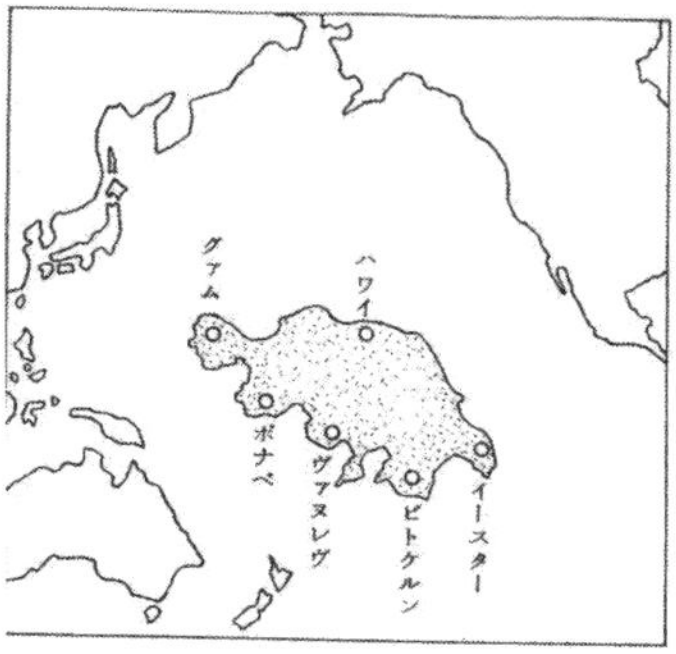

ム大陸地図

＊8　山田春三

「皇后陛下を選ぶのに予定、内定、確定という制度になっていた。久邇宮良子《くにのみやながこ》女王の予定、内定、確定まで大本で御祈願申し上げた。養育係の山田春三という人は熱心な大本信者（大正八年五月十一日、聖師が自ら訪問された）で、お祝いの時には『私は貧しくて何もありませんからこれを読んで下さい』と言って、大本文献をさし上げていたから皇后陛下は小さい時から大本の本を読んでおいでになる。天皇陛下は〇〇〇〇〇〇〇（御存知のはずである）。神様は十分知らせるだけ知らせていられるのである。王仁は東京に行ったら山田さんとこへ行っていた。反対派が色盲だと言っていたので、鶴殿さん（賀陽宮《かやのみや》大妃殿下の妹）が王仁に聞きにみえたので『色盲ではない』と王仁が言ったから決定したのである。（昭和十八年三月十三日午後一時乃至三時）」

（「山田春三」『新月の光』）

＊9「六六六」

『新約聖書』の「ヨハネの黙示録」に記述されている。

「ここに知恵が必要である。賢い人は、獣の数字にどのような意味があるかを考えるがよい。数字は人間を指している。そして、数字は六百六十六である」（13章18節）

具体的にはローマ教皇と考えるなど諸説ある。フリーメーソン本部かもしれないし、カハール（ユダヤ長老会）かもしれない。

＊10「祭誤」『霊界物語』第64巻上

（原文）軍艦布教までやつてヤンチヤ婆アさまの名を売つた、したたか者である。守宮別《やもりわけ》は日《ひ》の出神《でかみ》と腹を合せ如何にしても変性女子のウヅンバラチヤンダーを社会の廃物となし、自分等《たち》がとって代らむと苦心の結果、守宮別は四方八方に反対運動を開始し、終には六六六の獣《けだもの》を使つてウヅンバラチヤンダーの肉体の自由まで奪つた剛の者である。

＊11　吉岡発言

予言的中〝火の雨が降るぞよ〟
新しき神道を説く　出口王仁三郎翁

（鳥取発）去る十年十二月八日大本教弾圧の際、検挙されてから本年九月八日解放されるまで十箇年間、沈黙していた大本教祖出口王仁三郎氏は七十五才の衰えもみせず（中略）『自分はただ全宇宙の統一和平を願うばかりだ。日本の今日あることはすでに幾回も予言したが、そのため弾圧をうけた。〝火の雨が降るぞよ、火の雨が降るぞよ〟のお告げも実際となって日本は敗けた。

これからは神道の考え方が変わってくるだろう。国教としての神道がやかましくいわれているが、これは今までの解釈が間違っていたもので、民主主義でも神に変わりがあるわけはない。ただほんとうの存在を忘れ、自分に都合のよい神社を偶像化してこれを国民に無理に崇拝させたことが、日本を誤らせた。殊《こと》に日本の官国幣社の祭神が神様でなく、唯の人間を祀っていることが間違いの根本だった。しかし大和民族は絶対に亡びるものでない。日本敗戦の苦しみはこれからで、年毎に困難が加わり、寅年の昭和二十五年までは駄目だ。いま日本は軍備はすっかりなくなったが、これは世界平和の先駆者として尊い使命が含まれている。本当の世界平和は全世界の軍備が撤廃した時にはじめて実現され、いまその時代が近づきつつある』

〈朝日新聞　昭和20年12月30日〈日曜日〉第21090号から抜粋。読みやすさを考慮し、旧仮名遣いは新仮名遣いに改めた〉

＊12　艮の金神とは、簡単に言ったらアマテラスオオミカミ

私が艮の金神＝アマテラスオオミカミだという最大の根拠は、次の王仁三郎の発言にある（『神霊界』大正7年2月号より引用）。

小松林の命、瑞《みず》の御魂《みたま》の宿れる肉の宮に入り、その手を借りて太古の神の因縁を詳《つまびらか》にす。天の御先祖様は天之御中主大神様《あめのみなかぬしのおおかみ》である。これを今までの仏者ミロク菩薩と称《たた》えたり。ミ

ロクは至仁至愛の神の意なり。今は暫時ミロクの神として、神界の深き縁由を説くべし。ミロクの神は天系、霊系、火系、父系なる高皇産霊神《たかみむすびのかみ》を神漏岐《かむろぎ》之尊として宇宙の造化に任じ玉い、神皇産霊神《かむみむすびのかみ》を神漏美《かむろみ》之尊として、地系、体系、水系、母系として、宇宙の造化に任じ玉えり。しこうして三神即一体の活動を為し玉う。これを瑞の身魂、三ツの身魂と称う。

天之御中主大神の御精霊体の完備せるを天照皇《あまてらすすめ》大神、または撞賢木厳能御魂天盛留向津《つきさかきいづのみたまあまさかるむかつ》媛之神言《ひめのみこと》と称し奉る。これ撞《つき》の大神なり。ツキとは無限絶対、無始無終、過去、現在、未来一貫、至大無外、至小無内の意なり。

高皇産霊之神言《たかみむすびのみこと》は霊系を主宰し玉い、その精霊体は神伊邪那岐之神言《かむいざなぎのみこと》と顕現し玉い、神皇《かむみ》産霊之神言《むすびのみこと》は体系を主宰し玉い、その精霊体は神伊邪那美之神言《かむいざなみのみこと》と顕現し玉う。三神即一神にして瑞の身魂、三ツの身魂の表現なり。この世の御先祖にして撞の大神（著者注・天の御三体の大神、瑞の身魂、神素盞鳴大神、天照皇大神、ミロクの大神と同神）にましますなり。開祖の神諭には天の御三体の大神と称えあり、またミロクの大神、ツキの大神とも称え奉り、また天の御先祖様と称え奉りあり。

撞の大神、即天の御先祖の大神は、天地未分、陰陽未剖《いんようみぼう》の太初に当りて、大地球の先祖として国常立之尊《くにとこたちのみこと》を任じ玉い、大地の修理固成を言依《ことよ》し玉いしかば、国常立之尊は地上の主権を帯び、久良芸如《くらげな》す漂える国土を修理し玉うや、大神の施策余りに厳格剛直にして、混沌《こんとん》時代の主管者としては、実に不適任たるを免れず、部下の万神は大に困難を感じ、衆議の結果、撞の大神に国祖の退隠されん事を奏請《そうせい》するの止むを得ざるに至れり。撞の大神はここに万神の奏請を嘉納《かのう》せられたれども、一旦国土の主宰に任じたる上は、神勅の重、かつ大なるを省《かえり》み玉いて、容易に許させ給わず。一方国祖に向いて少しく軟化すべく、種々慰撫《いぶ》説得なし給いしかども、国祖の至公至平至直至厳の霊性は、容易に動かすべくもあらず。ここに撞の大神は、国祖の妻神たる豊雲斟《とよくもぬ》之《の》神言《みこと》に向いて、国祖を諫奏《かんそう》すべく厳命を降し給いぬ。妻神は即坤《ひつじさる》の金神なり。坤の金神は神勅を奉戴し、夫神に百万諫奏し給いしが元来剛直一方の国祖は、和光同塵《わこうどうじん》的神政を好み給わざりけり。

　ここに撞の大神は、一方万神の奏請《そうせい》頻《しき》りにして、制御すべき方策に尽き玉いしかば、断然意を決して、国祖を艮《うしとら》へ退去すべく厳命し給い、かつ詔《の》り給わく、爾《なんじ》今我言を奉じて勇ぎよく退辞《たいじ》せば、我また時を待って爾を元の主宰に任じ、かつ我は地に降りて汝が大業を補助すべしと、神勅厳《おごそ》かに降下在らせられたれば、国祖も無念を忍び、数万歳の久しき歳月を隠忍し、世の成行を坐視《ざし》し給いたり。八《や》百万《およろず》の神の決議により、神政妨害者として永久に艮に押こめられる身とはなり給いぬ。ここに艮の金神《こんじん》の名称初まりぬ。艮の金神はその罪科の妻神に波及せん事を憂慮し玉いて、夫妻の縁を断ち、独り艮に隠退し給いしが、妻神豊雲野の尊は夫神の困苦を坐視するに忍びずとて坤に自ら退去されたり。これより坤の金神の名初まりぬ。夫神の苦難を思いて、罪なき御身、かつ離縁されし御身ながらも、自ら夫神に殉じて世に落ち玉いし御心情は、実に夫婦苦楽を共になすべき末代の亀鑑《きかん》なり。

しかるに天地の修理固成には是非共、霊と力と体との三元無かるべからず。しこうして霊の性は至善なり。体即ち物質元素の性は悪なり。善悪混合し、美醜互に交りてここに力を生ず。力即ち活用なり。すべての物霊主体従にして、初めて善なる世界を造り得べし。善は一毫の濁点を許さず、世の移り行くに従い、ついには体主霊従の混乱不義極まる現社会を産出す。体主霊従これ至悪なり。

至悪神の経綸の結果は、ついに悪逆無道の世界を招来し、優勝劣敗、弱肉強食の惨状を来すに至るは当然なり。ここに於いてか剛直厳正なる国祖の出現を要するの機運到来し、撞の大神は艮に退隠し給える国祖を許し、再び地上の主権を附与《ふよ》し給いしかば、因縁の身魂出口開祖を機関として、地球の中心なる綾の高天原に現われ玉い、最初の国祖へ下し玉いたる神勅を実行すべく、撞の大神は地上に降臨せられ霊力体即ち御三体の大神と現われて、現代の混乱世界を修理固成せんと、国祖国常立之尊の補佐神となり玉い、教主の肉体を借りて現われ、国祖の大業に臣事し給うに至れり。

元来撞の大神は造化の大元霊にして天に属し、君系にましますなり。国常立之尊は地に属して臣系にましませ共、撞の大神は世界のために位地を捨て臣位に降《くだ》りて、その体を素盞嗚尊の生みませる三女神《さんじょしん》に変現し、二度目の天の岩戸を開き給う事になりぬ。

されど国常立之尊も謙譲《けんじょう》の御神慮深くましませば、あくまで天の御先祖様、御三体様、撞の大神様と仰ぎ敬い、その御神命に従いて今回の世の立替を遂行せんとなし給えり。明治二十五年の開祖の神諭にいわく、天の大神様地に降りてこの世の御守護遊ばすぞよ。地の神天に上りてこの世の守護を致すぞよ云々。天の大神様、地に降りて御守護遊ばすとは、即ち臣系に降りて守護し給う事なり。地の神天に上りて守護致すぞよとは、臣系の神、君系の位地に代りて御守護遊ばす事なり。神諭の御文中に、撞の大神様ほど御心の良い神様は無いぞよ云々と在るは、この間の消息を漏し玉いしなり。持つ持れつの世である云々とあるもこの事なり。

国常立之尊は太古に於ける天照大神の位地に進まれ、撞の大神は太古に於ける須佐之男尊に降り玉いて、天上天下修斎の大業を成就し給う時機とは成れるなり。

されど神政成就の暁《あかつき》は、また又元の如く撞の大神は天位に復《かえ》り玉い、国祖は地位に降りて臣系の職につかせ給うべき事は、大本開祖の神諭に明示される所なり。

神政成就の暁は、霊系として現われ給いし国祖厳の御魂は、元の体系と復り玉い、体系として現われ給える瑞の御魂は元の霊系に復り玉い、天地合一、上下一致の松の代を実現し、永遠無窮に天地万有を主宰し給う神界の御経綸なり。アゝ宏遠なるかな、深甚なるかな、天地祖神の御経綸よ。

（読みやすさを考慮し、旧仮名遣いは新仮名遣いに改め、重要な点は太字にした）

＊13　邪神のすみか

日本の神社は明治維新によって、多くの宮司家が神社から切り離されたことにより、過去の由来や縁起がわからなくなってきた。本来、神社は国民を保護するために神から重要な役目を授かっているのに、造物主を祀らず動物霊や死んだ人間・英雄たちを神として崇《あが》めていることが、日本が汚《けが》されていた理由の一つであると王仁三郎は語っている（以下、「信仰の堕落」『神霊界』大正6年2月号より引用）。

（一）

基督《キリスト》教は、現時、欧米各国五億五千万人の精神を支配する宗教である。過去二千年来の惰《だ》力《りよく》で、人心の根底に深く浸潤《しんじゆん》し、牢乎《ろうこ》として抜くべからざる慨《おもむき》がある。無論、今の西洋文明には希臘《ギリシヤ》、羅馬《ローマ》の思想が余程加味されているが、基督教の影響は更に有力で、更に深遠である。法律も、政治も、風俗も、習慣も、文芸美術も、その他社会万般の事々物々、一としてこれと没交渉なる事はできない。

近世に於ける国家と教会との関係は、余程薄らいだように見受けられるが、それでも帝王の即位式には、その王冠をば誰が捧げるかと言えば、基督教の僧侶が行うではないか。ラファエルの絵画、ダンテの『神曲』、ミルトンの『失楽園』等は、世界を動かすに足る美術文芸ではあるが、基督教の精神を会得《えとく》せざる者には、その趣味を充分理会《りかい》、翫味《がんみ》する事ができないではないか。また何のための安息日か、何のためのクリスマスか、何のための復活祭か、基督教を知らぬ者には、到底欧米の風俗習慣を理会する事はできまい。やれ赤十字、やれ宗教戦争、やれ新旧二派の争、基督教を知らぬ者には、欧米の歴史は何の事やら分らない。然りしこうして、この基督教の本源は何《いづ》れに在るかと言えば、他でもない猶太《ユダヤ》教である。

イスラエル民族は、由来憫《あわれ》むべき民族で、団結力の鞏固《きょうこ》ならざる十二支族よりなり、しばしば分裂瓦解し、軍隊は国の独立を保つ能《あた》わず、法律は国の平和を保つ能わず、その結果、神に縋《すが》って保護を求め、救済を願った。その惨状は実に目も当てられざるものであったので、したがって宗教意識も非常に強烈を極めた。これが猶太教のできた根本理由である。なおその前後の状況を考うるに、当時猶太民族は、バビロン、エジプト、ギリシヤ等の諸国のために取り囲まれていたのであるが、これらの諸国は、皆多神教を奉じていた。多神教徒は種々雑多の神々に奉事する結果、その信仰は概して動揺不安定に流れ、一心不乱の堅固なる信仰に入る事ができない。かかる周囲の状態の下にありて、モーゼがシナイ山頂でエホバの神から一神教的の訓戒を受けたと言って、これをその同族に伝えたのは、民族自衛の点から極めて必要の事であったに相違ない。この信仰は周囲の圧迫が激烈なるに連れて益々強烈に赴《おもむ》いた。神の降したと称する戒律が峻刻《しゅんこく》を極めたものであった事が、これがまた他面に於いて信仰を強烈ならしめるのにあずかって大に力あった。その戒律中にはこういう事が言うてある。

「汝我面前に、我の外何物をも神とすべからず」。

「汝、自己のために何の偶像をも刻むべからず」。

「また上は天にあるもの、下は地にあるもの、ならびに地の下の水の中にあるもの、何の形状をも作るべからず。これを拝むべからず。これに事うべからず。われエホバ、汝の神は嫉《ねた》む神なれば、我をにくむものに向いては、父の罪を児にむくいて三、四代に及ぼし、我を愛し我が戒を守る者には、恵《めぐみ》を施して十代に至らんなり」。

ちょっと考うれば、中々面白い。真の神は宇宙に只一柱より外にないという一面の真理だけは、よく表われている。またモーゼは、独りこのいましめをその同族に示したばかりでなく、世界人類一般に示したもののようである。しかしながら、ここに出る所の「神諭」は、全大宇宙主宰の神の神示としては、余りに偏狭《へんきょう》に傾いているように見受けられる。

「エホバ」と唱《とな》える名称は、いかなる神を指すのか。一部の人士には分りにくく、中には単に外国の神のように思って、余所《よそ》事に聞き流すもあろうが、「エホバ」というはヘブルー語で、昔も在り、今も在り、また将来も在る所の根本の神、「宇宙の本体」という意義である。して見れば、取りも直さず日本民族が、太古に於いて天御中主神とたたえた神を指すに外ならぬので、我等がためには、極めて大切な国祖（著者注・艮の金神、国常立命）である事が判るのである。ただこの神の神徳の説き方が、甚だ人為的で不備偏狭を免れぬという欠点があるのである。

（二）

前段述ぶるが如く、我が天御中主神のことを、アブラハムも、モーゼも、その他すべてのイスラエル人も、エホバと崇《あが》め唱えたらしいが、天御中主神は、全霊界統治の神であると同時に、全現界統治の神である。独りイスラエル民族が専有すべき神でなく、実にまた、我日本統治の神であり、各個人の保護の神である。かかるが故に、かの神の降したと称する戒律は、よしや人為的、偏狭不備の臭味《くさみ》を脱せぬにしても、その裡《うち》には、幾分神意の伏在するものがないではない。吾々とても、単に異邦の事、シナイ山嶺《さんれい》の事と聞き流す訳には行かない。神の誠の声の一部が、幾分吾々の耳底にも響く感がするのである。

わが『古事記』には、宇宙開闢《かいびゃく》の第一の神様として、天御中主神の御名を出してあるが、その広大無辺の神徳、その全智全能の神性をば、毫《ごう》も録してないから、誰一人としてこの神の明瞭なる観念を有さなかった。もっともこの神の神徳は余りに大きく、到底筆舌《ひつぜつ》を以て言い尽し得ぬものであるから、神典にも、単に御名を称《たた》えたに止めたのであろう。わざと書かぬのでなく、書き得なかったのである。

天御中主神の神徳は、空間的に観れば広大無辺である。時間的に観れば永劫《えいごう》不滅である。その神性は不変不易であると共に、その神業は千変万化して窮極《きゅうきょく》がない。そのまします所は、極めて近くして、また極めて遠く、とても人心小智《しょうち》の窺知《きゅうち》すべき限りでない。

天御中主神は、第一着手として、理想世界を造営せられるがために、第二位の神となって顕現された。これが霊系の祖神高皇産霊神《たかみむすびのかみ》である。この理想世界は即ち神霊界で、無論凡眼の観る能わざる所、凡智の察する能わざる所である。ただ霊眼、霊智を以てこれにのぞめば、天分に応じて程度の大小高下はあるが、その一端を窺知せしめられる。次ぎに天御中主神は、第三位の神となって顕現し、物質世界を造営された。これが体系の祖神神皇産霊神《かむみむすびのかみ》である。『創世記』には、神を称するに単に「エホバ」とのみは言わず、「エロヒム」の語を用いている。エロヒムは即ち神々という事で、根源は一神だが、幾種にも顕現するから、この複数の語が必要なのである。

（三）

天御中主神は、三種の顕現を以て、まずその神徳を発揮されたが、無限の神徳は、無論このような簡単な事で顕わし切れるものでない。そこでこの大天地鎔造の神は、ミタマを分けて、随所随時《ずいしょずいじ》に顕現して、次第に複雑完備の域に進ましめられたが、天照大御神の時に至って理想世界は完成した。次に、この理想世界の姿を、地上に写し出すがために、天孫瓊々岐命《ににぎのみこと》を日本国に降《くだ》して地上の主宰者の地位を確定し、同時に神子神孫を世界万国に降して、これを経営せしめられた。

往時の偏狭固陋《へんきょうころう》な国学者などは、この日本ばかりが神国のように考えていた。これはイスラエル民族どもが、自分ばかりが神の選民であると思惟《しゆい》し、エホバの神はイスラエルばかりを守護するように考えたのと同じような僻見《へきけん》と言わねばならぬ。そういう片贔負《ひいき》をする神様ならば、須《すべか》らく世界の戸籍から除名してしまうべきである。『古事記』には、「神皇産霊神が少彦名命《すくなひこなのみこと》を遣《つか》わして、常世の国を経営せしめた」と記載されているではないか。常世国は外国である。神の眼からは、日本もない、外国もない。ただ各国をして、その天賦の職責性能を発揮せしめんとせらるるのみである。

この世界経営の神業は、今日とても依然として継続されている。この後とてもその通りだ。

であるから、天御中主神の神徳を知ろうと思えば、日本神代史の研究は勿論の事、希臘《ギリシヤ》、羅馬《ローマ》の神話も、基督教も、回々教《ふいふい》も、婆羅門教《ばらもん》も、支那の道教も、儒教も、西洋の諸学術も、ことごとく調べて見て、そして造化の宝蔵を敲《たた》いて見ねばならぬ。無論これは、一人や十人ではできない。一宗派、一専門の士では不足だ。いやしくも霊智霊能あるもの、誠心誠意あるものの全部が、総懸りで取かからねばならぬ問題である。それだけ努力討究しても、なおわずかに神の大業の百千万億分の一を想見する事しかできぬのである。

（四）

しかるに、現代の日本国民の、神霊についての知識及び信仰の程度は如何。神代史の知識を全然欠如し、天御中主神の神徳を知らぬものの多きは勿論、第二流、第三流の神さまさえさしおきて、種々雑多の低級の神々ばかり拝んでいるものが多い。これでは、日本は浅ましい迷信教国と言われても仕方がない。さもなければ、浅薄愚劣な無神論に堕《だ》して、半可通《はんかつう》の新知識を振りまわしている。どちらにしても困り者である。

ギリシヤの信仰なども、随分堕落していた。ギリシヤの神々は、森の中や、山の上や、谷や、野原において、よく血を流して闘ったり、鎬《しのぎ》を削って争ったりした様であるが、敵を殺したり、欺《あざむ》いたりするという事は、神の神たる所以《ゆえん》の尊厳を汚《けが》すもの、ついに戦《いくさ》に敗北してしまって、敵に降参するに至っては、誠にもって言語道断である。神話と軍談とを取違えて、「希臘《ギリシヤ》の神話は詩趣が饒多《じようた》である」などというは、誠に片腹痛き癡人《ちじん》の寝語である。

日本も余り大きな顔はできない。地方に行って見ると、あちらにもこちらにも、よく稲荷《いなり》の祠《ほこら》があるが、その所には狐《きつね》が祭ってある。なぜ狐を祭るかというに、「稲荷は『ミケツカミ』である。『ミケツカミ』は三狐神である。故に狐をこの処に祭るのだ」というに至っては、信仰の堕落の極点で、折角《せつかく》の宗教は道徳性を失い、かえって不道徳の道具となってしまう。赤飯をたいて、油揚をあげて、余計な鳥居をいくつも建てて、それで御利益の強要をする。近来は、地方ばかりでなく、東京のお膝元までその風が蔓延し、相場師、投機商、少し山気のある商人は、よく羽田の穴守稲荷などへ出かける。わけて芸者、芸人などという連中の所謂《いわゆる》信心は、すさまじいものだ。「その目的は那辺《どの》にあるか」ときいて見ると、狐の魔術的保護によりて、客をたらかし、相手を騙《だま》すためだという。誠に噴飯の至りである。

実を言えば、稲荷の神は「飯成《いいなり》の神」という事で、宇迦之御魂神《うかのみたまのかみ》である。即ちこの神は、豊受神《とようけのかみ》で、五穀の生育を司り、万民の食物の源を養う神様であるから、またの名を「御膳《みけ》津神《つのかみ》」というのである。とりも直さず、豊受神は、造化の第三位の神から遣《つか》わされた物質世界の神なのである。天照大神は造化の第二位の神から遣わされた理想世界の統治の神である。豊受神は物質世界の住民に食物を恵みて、そして天照大神の神業を助くるのである。さればこそ、この二柱の姫神は、内外両宮に祭られて、万民の信仰の中心となっている。日本の「創世記」によれば、天御中主神はエホバであるが、その神徳は隠れて見えない。樹木に譬《たと》うれば、地中に隠れたる根の如きものである。この根はやがて地上に顕現して、第二位、第三位の神となった。第二位の神は即ち幹である、枝であるから、高皇産霊神の事を「高木の神」といい、また「カンロギの命」という。次ぎに第三位の神は花である、実であるから、神皇産霊神の事をまた「カンロミの命」という。また「産霊《むすび》」ということは、即ち「ムスブ」の義である。第二位の神は理想を結んで、これを天照大神に委ね、第三位の神は物質を結んで、これを豊受大神に托したのである。

かの万有神教というのは、物質的有形庶物を祭る所の宗教である。動物、植物、鉱物、山川、森林等を、そのまま神として祭る所の宗教である。かく「自然の個物」を崇拝すると、勢い肉欲的、物質的に堕落する。またかの偶像崇拝というのは、「抽象的概念」を神として拝むものである。抽象的概念には形が無いから、勢いこれを現すに偶像を用いる。仁王や、帝釈天《たいしゃくてん》や、毘沙門天《びしゃもんてん》や、比々《ひひ》として皆抽象的概念の具象的表現である。近代の科学に用うる名称とて、外形こそ異なれ、その真相に於いては敢《あえ》て変わりはない。エネルギー、エーテル、引力、潜在意識等、偶像ではないが、気のきいた偶像の代理である。かかるものは人間の作ったもので、一の心理作用に外ならぬから、到底信仰をつなぐ力はない。

吾々は、どうあってもこの国民信仰の堕落を済《すく》わねばならぬ。健全なる信仰を復活せしめ、やがて世界の宗教統一を実現すべき使命は、どうあっても、我日本にあらねばならぬ。目下は正にその秋である。最早一日を延べる事はできぬ。世の有識者の奮起を望む。

(読みやすさを考慮し、旧仮名遣いは新仮名遣いに改めた)

付録

1．『霊界物語』から読み解く、太平洋戦争と昭和天皇の真実！

この世に起こることのすべてを熟知していたともいわれる出口王仁三郎《でぐちおにさぶろう》。彼は、昭和天皇が「英国陸軍元帥」だったことを知っていたのだろうか。王仁三郎が口述筆記した『霊界物語』を軸に、探ってみたい。

黄泉の国へ行ったはずのイザナミはニセモノ

王仁三郎は、古事記の黄泉比良坂《よもつひらさか》の段が「太平洋戦争の型」であると語っていた（注釈＊7参照）。そこで、まずは古事記の「黄泉比良坂の戦い」を見てみよう（なお、わかりやすいように要約した。《　》内は、著者注）。

イザナギがイザナミとの間に火の神《迦具土神《かぐつちのかみ》》を産んだことにより、イザナミが亡くなって黄泉《よみ》の国に行った。すると、そのイザナミを追ってイザナギが黄泉の国まで行き、禁じられていたにもかかわらず、イザナミの蛆《うじ》の湧《わ》いた醜《みにく》い姿を見てしまった。イザナミは「見たな」と怒る。イザナギは、イザナミに差し向けられたヨモツシコメたち追手を黄泉比良坂のふもとで、桃の実によって撃退した。すると、ついにイザナミ自身が直々《じきじき》に追いかけてきた。イザナギは、千人の力でようやく引けるくらいの大きな岩（千引石《ちびきいわ》）をどこからか持ってきて、黄泉比良坂を塞《ふさ》ぐ。それからその岩を挟《はさ》んで向かい合ったイザナギとイザナミが事《こと》戸渡《ど》し《別離の言葉を交《か》わすこと》をする……。

火の神が生まれ、イザナミが黄泉の国に行ってしまってからこの世はどうなってしまったのか。王仁三郎は『大本言霊学《ことたまがく》』で、おおよそ次のような解釈をしている。

迦具土神が生れまして、すなわち今日は、交通機関でも、戦争でも、生産機関でも火力ばかりの世で、火の神様の荒《すさ》ぶる世となったのであります。この火の神を生んで地球の表現神たる伊弉冊命《いざなみのみこと》が神去《かむさ》りましたのであります。この世の中は殆《ほとん》ど生命《いのち》がないのと同じく、神去りましたような状態であります。

火の文明が到来し、イザナミが去ってしまったことで、日本は曲津《まがつ》神たちに狙われるようになった（『霊界物語』第8巻24章「盲目審神《さにわ》」）。

イザナミが火の神を生みました後、黄泉国にお出でになられたのは、黄泉国から荒び来る曲津神を封じるご神策であった。そのため黄泉国の曲津神たちは海底の竜宮に居所《いどころ》を変えて、再び葦原の瑞穂の国を狙っていた。そこでイザナミは今度は竜宮にお出でになって曲津神たちを封じていた。乙米姫《おとよねひめ》（竜宮神）を身代わりとして曲津神たちを封じたイザナミは、日の出神に迎えられてロッキー山に立て籠もると言い置き、その実は天教山にお帰りになって、イザナミ大神と合流していたのである。

この間の経綸《しぐみ》を知らない世の神人たちは、イザナミがロッキー山に現れたと思っていたが、その実これは常世《とこよ》神王《しんのう》大国彦の妻・欧米金銀為本諸国の臣下としての大国姫に悪霊が憑依《ひょうい》して、イザナミの名を騙《かた》っていたのであった。

ここで王仁三郎は、黄泉の国に行ったはずのイザナミはニセモノで、本当は大国姫（大国主神の妻）の化身、つまり「替玉」だと語っているのだが、おそらくこれは「天皇」のことを指しているのだろう。

セミナーの中でもお伝えしたが、１９４１（昭和16）年には、昭和天皇は英国の正規軍陸軍元帥だった。それについて調べていくうちに、天皇家が英国王室とさらに深い関わりがあるというある事実にたどり着いた。おそらく『霊界物語』を口述筆記したときに、すでに王仁三郎はそのことに気づいていたのだろうと思う。

天皇は英国王室の家臣だった！

次ページの画像を見てほしい。これは、１９０６（明治39）年に《ガーター勲章》

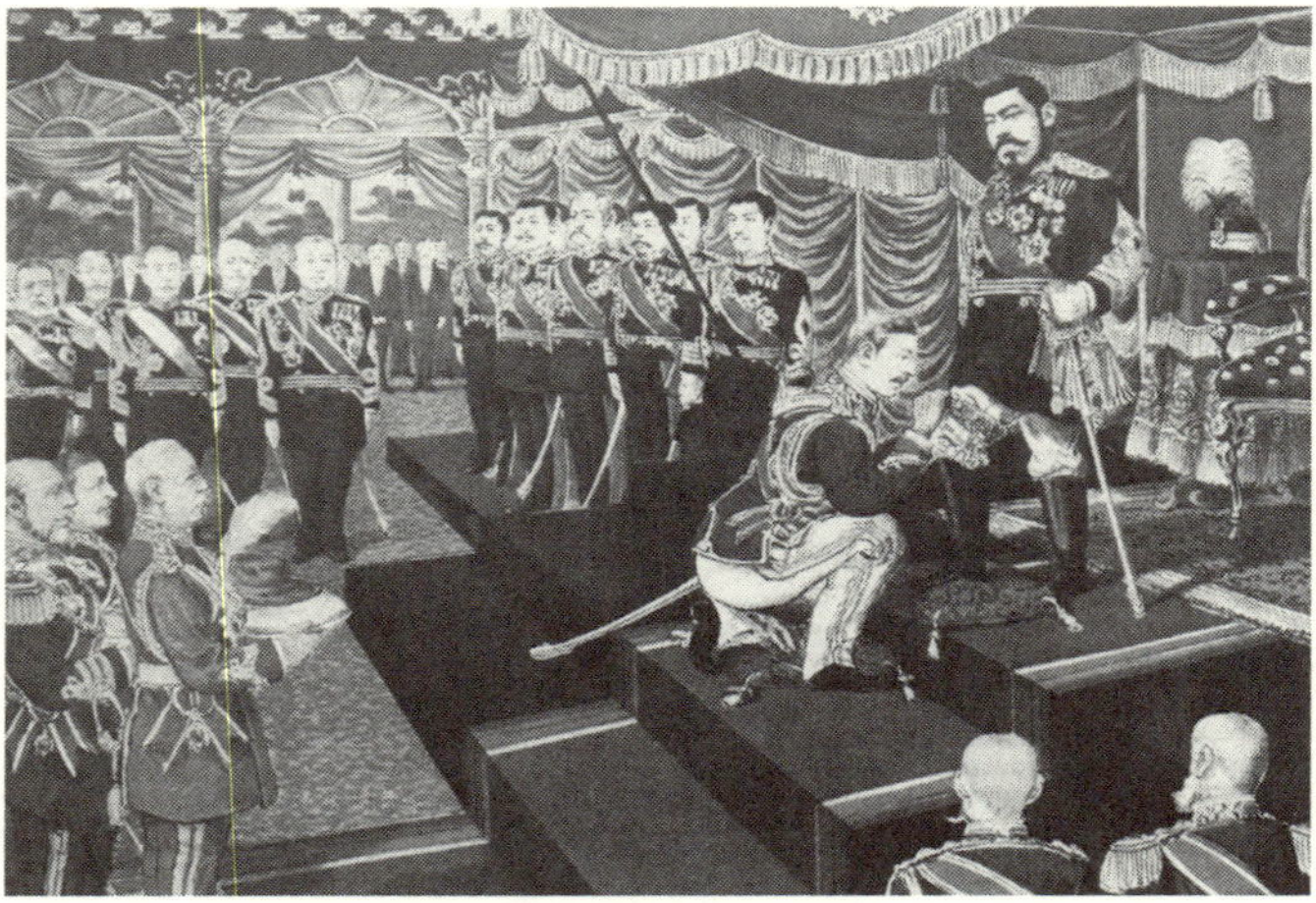

ガーター勲章の伝達を受ける明治天皇

をコノート公爵アーサーより伝達される明治天皇の姿を描いたものである。日本に対しては、日英同盟の関係から東アジア国の元首として初めてガーター勲章が贈られて以降、今上《きんじょう》天皇まで歴代天皇が授与されている。実際にガーター勲章をつけた4人の天皇の姿も見ることができる。

このガーター勲章とは、イギリスの代表的勲章で、ガーター騎士団(Knights of the Garter)に由来している。エドワード3世が騎士道実践の模範たるべく、また団員の国王への忠誠と奉仕を強調するために1348年に創設した。正規の団員はイギリス国王のほかに25名と、それとは別に王族、外国元首などが加えられることがある。ウィンザー城内セント・ジョージ礼拝堂に本部がある。(『世界大百科事典第二版』より)

この勲章を授与されるのはたいへん名誉なことであるかもしれないが、国外の者が授与されるとき、それは事実上《大英帝国の家臣》ということを意味するのだ。そこに英国(英国王室の中にまで食い込んでいるロスチャイルド家)の思惑が見てとれる。

本来、英国と日本は敵国同士であって、ユダヤ・フリーメーソン(この場合、ロスチャイルド家)の立場から見ても外敵である。彼らの考えでは、「外敵を破るにはいかなる方法も正当化される(ロスチャイルド家初代のマイヤー・ロスチャイルドの講演が下敷きとなってまとめられたといわれる『シオンの議定書』より)」。

当時の英国ウィンザー朝の初代君主・ジョージ5世はこう思っただろう——米国に東洋のおいしい国、日本を食べさせたくはない。われわれ英国は、ロシアを弱体化させて金融で稼ぐために日本を支援してきた。その結果、日露戦争で神は世界最強のバルチック艦隊を全滅させた。とくに活躍めざましかった陸海の元帥、大山巌《おおやまいわお》、東郷平八郎には脅威すら感じる。ならば、いっそのこと彼らを英国王室ウィンザー家の臣下として、明治天皇や山縣有朋《やまがたありとも》ごと取り込もう。天皇にはガーター勲章を与え、軍人にはメリット勲章を与えて、騎士団の団員にしてしまえばいい。彼らは意味をよく理解できずに、勲章のもつ栄誉につられて入団するはずだ。そもそも近代天皇家は、英国がつくったようなものなのだから――。

つまり、天皇ごと英国に取り込めば、日本をモンスター化する日英同盟は破棄できるし、必要によっては米国に食わせることもできる。それに日米との戦いで英国が即時、参戦義務を負うこともない。彼らを騎士団に入れて、日本国をノーコストで欧州・アジアの番犬にしてやろう、というウィンザー家の策略に、山縣有朋や長州グループが国内政治の主導権をとりたいがために乗っかった結果だと私は考える。また、天皇を大将にしたり、元帥にするのは、天皇を英国の人質にとり、日本国民を英国国民の代わりに戦わせるという意図もあったはずだ。

そもそも太平洋戦争は出来レースなのだ。連合国の目的は、戦勝すること以上に、いかにして戦争自体を長引かせ、対戦国にお金を貸し付けながら破滅させつつ暴利を貪るかにあった。だからこそ、その事前準備として、第一次世界大戦で大した功績もない日本にヴェルサイユ条約により、赤道以北の旧ドイツ領ニューギニア島の地域を委任統治領として与えた。のちに、ここは日本の補給線としてとても重要な場所になった。もし日本に南洋諸島がなければ、真珠湾攻撃へと突き進む気力は起こらなかっただろう。

こういった真相を隠しとおすために、日

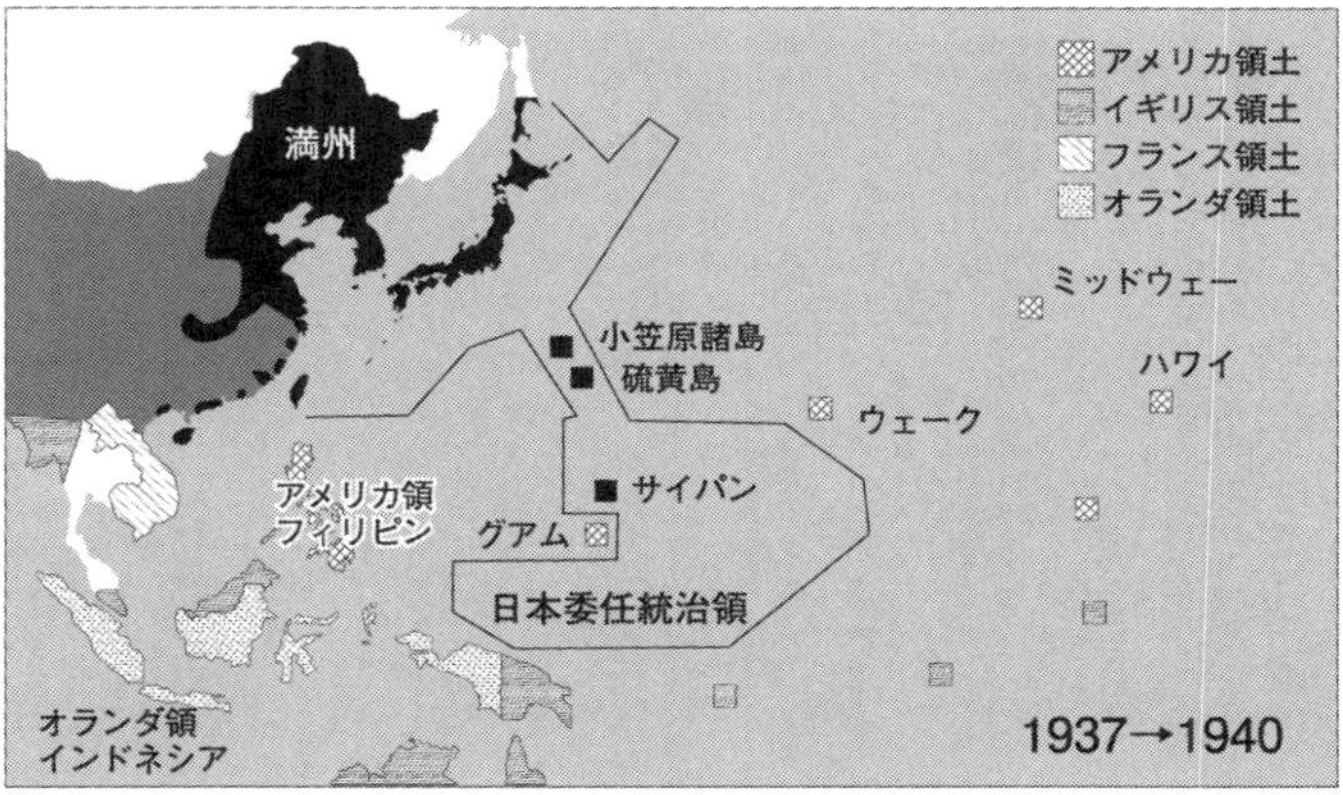

1937～1940年の日本委任統治領。のちに、重要な補給線となった

本政府は天皇の現人神《あらひとがみ》化を進めたり、不敬罪や治安維持法などでの取り締まりを強化する必要があったのだ。

裕仁天皇は太平洋戦争で英国陸軍元帥としてのミッションを果たした！

裕仁（昭和）天皇が本当に英国正規軍の陸軍元帥だったのか調べてみると、英国王書簡局発行『季刊陸軍将校リスト１９４１年第３四半期10月１日号』に、実際にその名が記載されていた。しかし、それから後の四半期に「ヒロヒト」の名前は出てこない。この間に何があったのか。

１９４１年11月１日の大本営政府連絡会議では、「武力発動の時期を12月初頭と定め、陸海軍は作戦準備を完整す」という内容の帝国国策遂行要領が決定され、その４日後の御前会議で承認された。以降、帝国陸海軍は12月８日を開戦予定日として対米英戦争の準備を本格化させた。だが、開戦を決めた11月５日の御前会議の時点では、実質的に天皇は英国陸軍元帥であったと思う。

もちろん、開戦当日の12月8日にはその職を解かれていただろう。しかし、奇襲攻撃だったので、それまでのタイムラグはあったはずだ。たとえ表面的にはガーター騎士団を退団したかたちになっていたとしても、英国（連合軍）からの秘密指令は受けることができたに違いない。まして英国籍も持たせていただろう（98ページ参照）。そのほうが連合軍にとってずっと都合がいい。

また、王仁三郎は1945（昭和20）年9月4日に当時を振り返って、次のようなことも言っている。

原子爆弾は日本の博士が発明して「日本は人道上使えぬ」といってドイツへやった。それをドイツでも使わず、アメリカに使われたのである。悪い事ばかり考えるから、日本に落とされたのだ。日本人が造ったから日本に落ちた。

（「原爆の発明」『新月の光』）

ここでいう日本の博士とは、理化学研究所の仁科芳雄《にしなよしお》博士のこと。今となっては真偽は確認できないが、おそらく日本で発明した原子爆弾を米国に通謀した人物がいた。それだけではない。原爆特許はどうなったのだろうか。日本にこれだけ原発が多いのは、何か因果関係があるのだろうか。原爆投下都市を指定したのはいったい誰なのか。元英国陸軍元帥としての関与はなかったのだろうか……など、次々に疑問がわいてくる。

これらの事実を知っていたからこそ、王仁三郎は太平洋戦争における天皇を『霊界物語』のなかで、ロッキー山にあらわれたイザナミになぞらえて、「真のイザナミではなく、本当は大国姫の化身」と語った。それはつまり「自分たちの天皇である昭和天皇は、皇居にある東京大本営で日本のために日本軍の指揮をとっていると国民は思っているが、実は英米国のために、実質的には連合国陸軍元帥として、世界対日本国民との戦いの指揮をとっているんだよ」と明かしたのだ。

大本事件は天皇の血を明かそうとした王仁三郎を黙らせるために起きた！

この「天皇＝大国姫の化身（替玉）」については、王仁三郎の「十二段返しの歌」の予審供述調書とも符合する。そこには天皇が英国陸軍元帥であるということに加え、もう一つの大きな真実があった。

八岐大蛇《やまたのおろち》が現御皇統に化けて約三千年間日本を統治し、約三千年経過した現在も、天皇陛下に化けて洋服を着て、日本を統治しておられると云う意味で「帰りてここに三千年、思池《しち》の鬼とやらわれし、神の稜威《みいづ》に照らされて、元の姿となる神はきくも邪悪の守護神《天皇》」

（山本昌司『大本に生きる』）

「十二段返しの歌」のなかで「天皇陛下は八岐大蛇である」と言っている。それは「今の天皇はニセモノである」ということを意味している。つまり、王仁三郎はその秘密を知っていると、暗に日本政府の要人たちに宣言していたのではないだろうか。

したがって、焦った日本政府の要人たちは、先手を打った。王仁三郎を抹殺しようと、大本事件（大弾圧事件）を起こしたのだ。熾仁《たるひと》親王の実子である王仁三郎が、真の皇統だと世に明かされない前に。

しかし、その目論見《もくろみ》も虚しく、第一次大本事件は大正天皇の崩御で免訴。第二次大本事件は予審供述調書が問題となり不敬罪のみの懲役5年となった。だが、昭和20年10月17日、敗戦による大赦令で不敬罪は解消となり、昭和22年10月には刑法改正の結果、不敬罪という「犯罪そのもの」が消滅してしまった。まるで帝国政府はわざと善悪の判決を避け、真相を暴露されないように逃げ回っているかのようだったが、結局は逃げ切れず、悪神たちの謀略は砕け散り、真の天子・王仁三郎は生き残った。

すべてがなくならないように日本救済を訴えた王仁三郎

最後に『霊界物語』第8巻6篇「黄泉比良坂」の第43章「言霊解五」を見てみよう（《　》内は、著者注）。

ここに、仁義の神の国《日本》は、一切の善事瑞祥を発生して、仁慈《みろく》大神の神世に復し治めるべきである。そうして、暗黒界に光を輝かせて、妖軍に悩まされて滅亡せんとする国土人民に対して、身命を投げ出して救助するべきである。

治国平天下の神の鍵を握るときであり、治乱・興亡の大境界線である現代も、またこれ、古事記に言う「出雲の伊賦夜坂《いふやざか》」《全世界がどこもかしこも善悪正邪の分水嶺》というべきものなのである。


王仁三郎の根本的考えは、「日本は世界の親国・天国、指導する国」。もし日本がなくなれば「型の思想」からいって、世界も霊界もなくなる。

そのために王仁三郎は、昭和天皇が英国陸軍元帥であることや、正統な皇統ではないことのすべてを承知のうえで、妖軍・悪魔の軍隊《連合国》に襲われている今こそ、世界各国総力をあげて、日本を助けてほしいと『霊界物語』を通じて訴えていたのである。

2. 王仁三郎の予言「吉岡御啓示録」

これからご紹介する「吉岡御啓示録」は、昭和20年12月10日〜翌21年1月6日に出口王仁三郎が鳥取県の吉岡温泉に逗留《とうりゅう》している間に訪ねてきた信者らに対して発言したものである。これに感銘を受けた塩津晴彦氏が一部を書き写され、ここに掲載のご承諾をいただいた。この場を借りてお礼を申し上げたい（ちなみに、「吉岡発言」［注釈＊11参照］もこの湯治中に発言されたものである）。

なお、王仁三郎のこれまでの予言の正確性から鑑《かんが》みて、混乱をまねくと思われる部分は伏せ字とした。また、最後のほうはその性質上、信者向けに発言されていることも一言、お断りしておく。

ことさらに不安や恐怖を煽るつもりはないが、北朝鮮問題などの雲行きが怪しくなりつつある昨今、みなさんに危機感をもってもらいたく、掲載することにした。ぜひお読みいただきたい。

吉岡御啓示録

出口聖師吉岡温泉（昭和20・12・10〜21・1・6）
御湯治中会員に御教示された重要記録の写し

王仁三郎聖師「この物の不自由な時によう来たなァー。平和な時となったんで段々物が豊かになり食べ物も余る程できるようになる。

しかし安心するなよ、大三災はこれからじゃ。

大小の地主がなくなり、農地は解放される。

植民地は弱肉強食の産物、白人であろうと黒人であろうと一切平等でなければならない、霊ほど大切なものはない。

　植民地の解放運動が起こり、世界中の植民地や属国は続々と独立する。アメリカは斜陽化し、二流国となり、アメリカはその政策を捨てずベトナムに手を出し、上げも下《おろ》しもならん事になり、遂には日本にさえ商戦に負けたり、眼中にもなかった国に頭を下げたりする事になる。この国は統一され強大国となる。

　アメリカは『腐っても鯛じゃ』とその膨大な軍事力を過信しとったら、アメリカが勝つと皆思うておるがナー。

　今度は神様と●●の戦争じゃ。原子爆弾など神様の眼から見たら線香花火にひとしい、だが悪魔は今の原爆の何千倍もある奴や、毒素弾、生物弾など最終兵器を作るので大三災はこれからだぜ、本当の火の雨じゃ。

　御筆先に〝●●●●●●●●●●〟とあるのは●●●●●ではない。●●●●●●じゃ。●●●●●●●●もむつかしい。

　神様のお力はその最終兵器の何万倍、否《いな》無限である故、神様の御守護があれば、こんな物は無効じゃ……。何処に居ても救われる。凶党界でさえ、火伏《ひぶせ》の法というのがあって、火中を平気で歩いたりする、これは日本の行者や山伏の専売特許ではなく、印度やマレーにもある。

神様は言霊の力だけで一人でも多く、否世界中の人間を助けたいばかりに御苦労なさっておられる。しかし御筆先にも

〝やむを得ずの事が出来《しゅったい》致すぞよ〟とあるし

〝おそしはやしはあるなれど、筆先に出した事は毛筋の横巾も間違いはないぞよ〟とある。

〝立替を指折り数えて松虫の冬の霜先あわれなるかも〟

〝立替を世人の事となおもいそ立替するはおのがみたまぞ〟との神歌もある。

立替がいつ来ようと人間はすべてに最善を尽しておらねばイカン。

神様第一として、よく働き、少しでも神様に御苦労をかけん様にすべきじゃ。先ず

自分の心を立替えて心に天国を形づくり、家に世に天国浄土を作るために努力するのが行じゃ。

〝行〟とは断食をして滝に打たれたり、逆立ちをして山を登ったりする事が決して正しい〝行〟ではない。

山の木を伐《き》った後へは必ず苗木を植えんとナー。

山は緑に田は黄色く実り、家は美しく、家内和合、屋敷には花や庭木を植えて庭園を造る。この場合、松（赤松）と梅は一、二本ずつでも植える。墓地は花壇の如くするのが天国の相。理想じゃが。

そして月に一度は氏神様と墓地に参拝すればよい、これでこそ信者じゃ。

大峠となったら食物どころか酸素さえ乏しくなる事がある。その時は土に横穴を掘って、うつ伏せとなり、梅漬けを口に含んでジッとしておればよい。また女松（黒松は松に似た木じゃ……）の葉をシガンでおったら餓《う》えを凌《しの》げる。故に土地の有る人は、家族が一年中頂ける梅漬けを確保するだけの梅の木を植えておく事じゃ。ただし梅を漬けるのに色素を使わず、シソを使う事じゃ。シソには梅に含有しておらん栄養分を持っていて梅に浸み込むのでなァー、梅は消化したらアルカリ性となり、血液の酸化を防ぐので健康上よいから、毎日一つ以上は頂くがよろしい。

火を大切にする人はあるが、お土と水の有難さを知らん人が多い。お土やお水の神聖を知らず、山の境界を争ったり、水喧嘩をしたりする者がある。奪った山の木で建てたお宮や、奪った畑で作った果物、盗った水で作ったお米をお供えしても神様は受取って下さらん。お供え物は清らかな物でないとイカン。獣肉などは絶対に悪いが、エスキモーが供えるトナカイの肉は御笑納あそばされる。また日本人でも、深山で働いておって、牛肉の缶詰一つしかないとする。そこで止むを得ずお詫びをして、その牛缶をお供えした場合は、神様はこれを光り輝くお米に替えて下さって受取って下さる。要は真心じゃ。

ただし牛肉を絶対食べるなというのではない。ケモノは人間を見たら腹を見せるもの故おしりや太腿に肉がつき、鳥は腹に、魚は背中についている。

こうして人間に近い所についているのは、人間は万物の長のこと故、これらを活用するよう神様がそうなさってある。

お土や、お水を穢《けが》して何とも思わん人間ばかりじゃ、お土は神様のお体であり、お水は血液じゃ。

農家は自分の田よりも先に他家の田の水を心配し合い、商人は薄利で、工業家は損益を超越してよい品を作る、という風な人間ばかりであったら世の中は平和なんじゃがナー。先あわれなるかな。

神様第一、利他主義こそ天国形成の基本じゃ。労働は天国を、怠惰は地獄を作る。健康は天人の相、故に身体を大切にして暴飲暴食を慎み、疲れた時は休養をとって楽しく暮らすがよい。

鍼灸《しんきゅう》医術は火と水の御守護による療法、ゆえに万病を治すことができる。金属はその精水、故に金精水といい、三尺の秋水とか汚血を瀉《しゃ》し清血を補して病を治すの法、故に補瀉迎随《ほしゃげいずい》の法ともいう。

「書いたものは残るが、云うた事は消えるさかい文句があったら口で云うこっちゃ」という人があるがこれは神様の実在を知らん故じゃ。云うた事は空中に録音されている。蓄音機のようになァー。そやさかい暴言や悪い言葉は吐かん事じゃ。言霊ほど大切なものはない。

神様の御恩を朝夕礼拝する事が最高の善行じゃ。神様の実在を認めん人間に善人はない。天地は神様のお体であり、自分が神様の中に生きさして頂いている事実が判ったら悪い事はできんのじゃ。

神様の実在を知る人間ばかりの世が即ちミロクの世じゃさかいになァー。

世界中を一家にするというのは、単なる理想だけではないのじゃさかいになァー。信者同志は仲ようして、会合所や支部ができたら、月次祭《つきなみ》には参集し、おかげ話をし合うたりして、信仰をかためてくれよ。そして日頃の心がけでもなァー、たとえば同じ品物を買うのでも信者の家で買うとか、職人を頼むのでも信者を雇うとかいう具合にしてコマカイ所に心を使い、信者同志は栄えるよう努めてくれよ。信者の繁栄は同時に大本の繁栄につながるのじゃさかい。〝排他主義でも何でもない〟長所があれば短所もあるのが普通の人間じゃ。信者同志まず一家になってくれ。それを実行してくれよ。毎日大本神諭と霊界物語を拝読して神様のお心を知るのが天国へ行く近道じゃ。

年に一度は本部へ参拝するのがよい。本部から出す書籍に眼を通し気を配っておれば、神様のお声が聞こえる。

どんな事があっても大本を離れなよ、石にかじりついても神様のもとから去らんようになァー。

大本の親船に乗った安心さ。

来るべき世に逢う時の準備こそ信仰力に勝るものなし。

信仰は理論ではない。神を信ずる事である」

※この秋は雨か嵐か知らねども　今日のつとめに田草取るなり
※白米は分析せずとも食えるなり　身魂の糧《かて》なる信仰も同じ

完

平成24年5月5日（国内全原発運転停止の日）

塩津　晴彦　筆

本書の内容は著者の個人的な意見であり、関係する団体の意見ではありません。

出口 恒　でぐち ひさし

一般社団法人出口王仁三郎大学学長。言霊学講師。作家。

1957年（昭和32年）、北緯35度・東経135度35分、亀岡市中矢田の出口王仁三郎《おにさぶろう》晩年の住居「熊野館《くまのやかた》」で、王仁三郎の曾孫として生まれる。父は王仁三郎の男の初孫である出口和明《やすあき》（作家）、母は劇団四季創立に参加した女優の福田禮子《れいこ》。「論理エンジン」で有名な出口汪《ひろし》（水王舎会長、広島女学院大学客員教授）は長兄。メキキの会会長・出口光はハトコ。

1981年、早稲田大学法学部を卒業後、三洋電機に入社。貿易部門に配属（後にパナソニックと統合）。

1990年11月、三洋電機グループの真実の海外物語社史『地球劇場』を日本産業復興の歴史として企画・執筆・編集・出版。

在職中2009年３月、同志社大学大学院修士課程ビジネス研究科を修了、専門職修士（MBA）。システムダイナミックスの手法等で日本経済の循環や、金融・信用創造の理論を山口薫博士のもと探求する。その後、日本アクセンチュア株式会社に入社。

2013年、システムダイナミックス（SD シミュレーションの手法）を使って経営コンサルティングを行う NPO 法人日本未来研究センターに入り、大阪オフィスを立上げ、SD の普及活動を行う。大阪代表。

2009年８月より2012年まで愛善苑《あいぜんえん》機関誌『神の国』に王仁三郎に関する記事の連載を行う。

愛善苑教学委員長。各種資格免許を一時70取得。愛称 DeguDegu（でぐでぐ）先生。facebook 上で言霊学のスカイプ授業を実施。

著書に『誰も知らなかった日本史』（ヒカルランド）がある。

2019年12月死去。

「切紙神示」「たまほこのひ可里」「八紘一宇の数表」
天皇家秘伝の神術で見えた日本の未来
王仁三郎の予言「吉岡御啓示録」も収録！

第一刷 2017年9月19日
第二刷 2024年8月31日

著者 出口 恒

発行人 石井健資
発行所 株式会社ヒカルランド
〒162-0821 東京都新宿区津久戸町3-11 TH1ビル6F
電話 03-6265-0852 ファックス 03-6265-0853
http://www.hikaruland.co.jp info@hikaruland.co.jp
振替 00180-8-496587
本文・カバー・製本 中央精版印刷株式会社
DTP 株式会社キャップス
編集担当 西田和代

ISBN978-4-86471-527-0

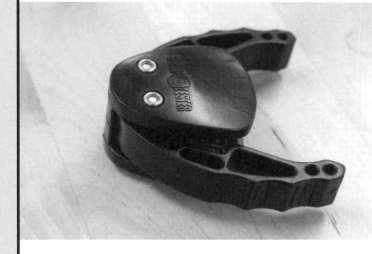

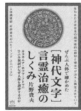

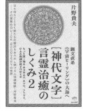

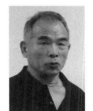

本といっしょに楽しむ イッテル♥ Goods&Life ヒカルランド

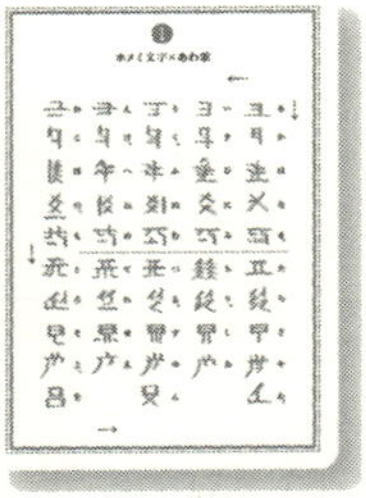

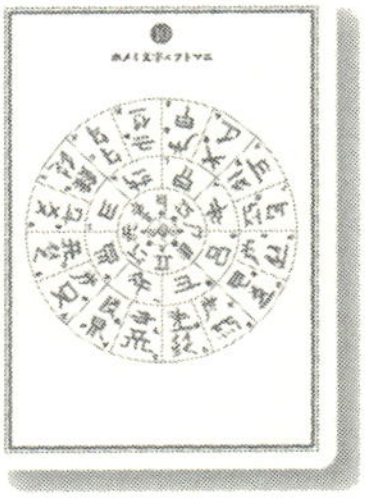

片野貴夫氏プロデュース

『神代文字&呪文カード』

【ホツマ文字、カタカムナ文字、ホメミ文字、龍体文字】と【あわ歌、ひふみ祝詞】の８種類を組み合わせた15枚の大判カードです。ピッコロカードの結界の中でこのカードの呪文を唱えてください。

①ホメミ文字×あわ歌
②ホメミ文字×ひふみ祝詞
③龍体文字×あわ歌
④ホツマ文字×あわ歌
⑤龍体文字×ひふみ祝詞
⑥カタカムナ文字×あわ歌
⑦カタカムナ文字×ひふみ祝詞
⑧ホツマ文字×ひふみ祝詞
⑨ホツマ文字×フトマニ
⑩ホメミ文字×フトマニ
⑪カタカムナ文字×フトマニ
⑫龍体文字×フトマニ
⑬霊界クサ文字×ひふみ祝詞
⑭ホメミ文字×ありがとう曼荼羅
⑮ホメミ・カタカムナ・龍体・ホツマ×とほかみゑひため
　ホメミ・カタカムナ・龍体・ホツマ×あいふへもをすし

販売価格：3,667円（税込）
カード（148㎜×210㎜）×15枚入り

ヒカルランドパーク取扱い商品に関するお問い合わせ等は
メール：info@hikarulandpark.jp　URL：https://hikarulandpark.jp/
03-5225-2671（平日10-17時）

＊ご案内の価格、その他情報は発行日時点のものとなります。

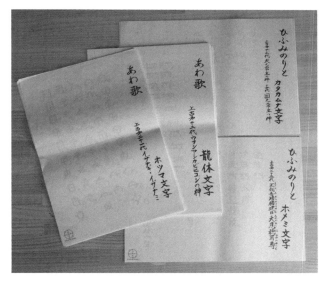

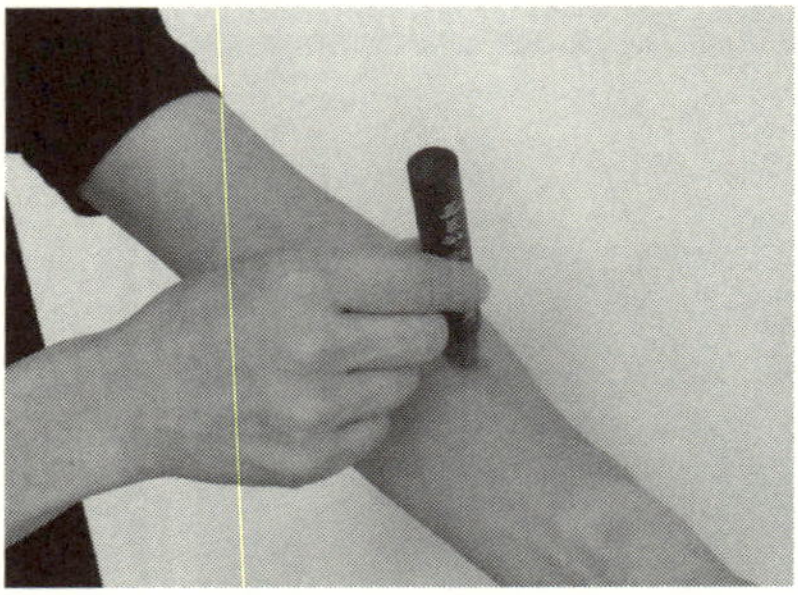

〈使い方〉

◎体の気になるところに棒の先端を当てるだけです。

◎太祝詞を２回唱えながら使用すると、共鳴作用によりさらに働きが増すことが期待できます。

◎東洋医学には、「虚」のツボに対しては補法、「実」のツボに対しては寫法を用いるという原則がありますが、この器具を使うことによって、エネルギーの不足している部分には補い、滞っている部分には寫する働きが自動的に行われます。

※本製品は波動エネルギーを補助するものです、感じ方は人によって異なります。

※真似ができない特殊な技法で作っています。類似品にはお気をつけください。当協会のマークが目印となります。

※天然素材につき、木目や色合いなど、それぞれ形状が異なります。同じものはありません。

箱と棒の表面には上古第23代正哉吾勝勝速日天忍穂耳尊【ホメミ文字】で
とほかみゑひため
あいふへもをすし　と印してあります。

〈本製品の取り扱い上の注意〉

天然木を使用しておりますので刺激の強い洗剤を使用しないでください。
微細な調整をした部品を使っておりますので優しく使用してください。
強く叩いたり、落としたりすると破損する場合があるので、ご注意ください。
洗顔やお風呂など水の中では使用できません。破損の原因になります。

販売価格：38,500円（税込）
サイズ：長さ124㎜

太祝詞(ふとのりと)プラズマ棒

ひとつ　ふたつ　みっつ　よっつ　いつつ　むっつ　ななつ　やっつ　ここのつ　とう
ひー　ふー　みー　よー　いー　むー　なー　やー　こー　とー　(太祝詞)

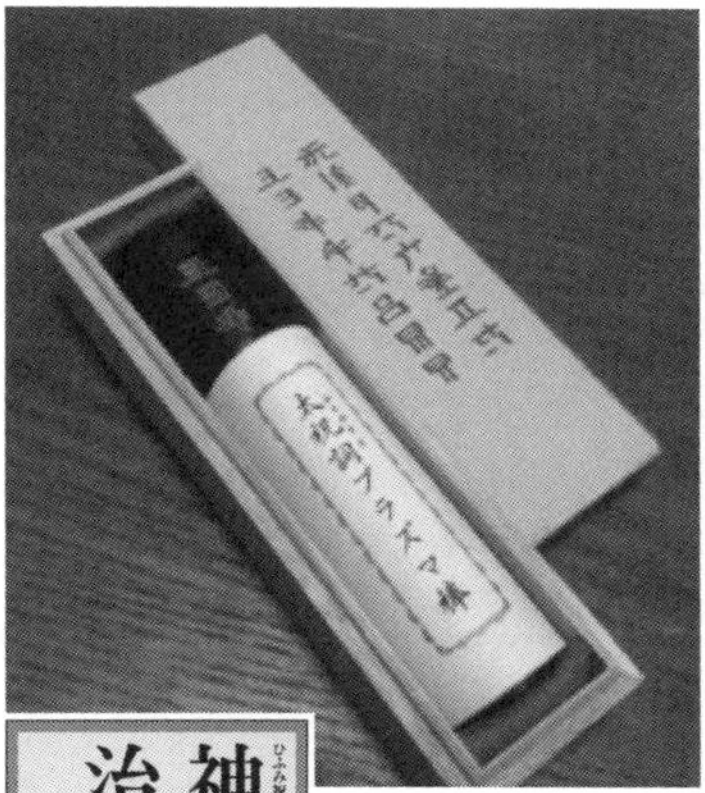

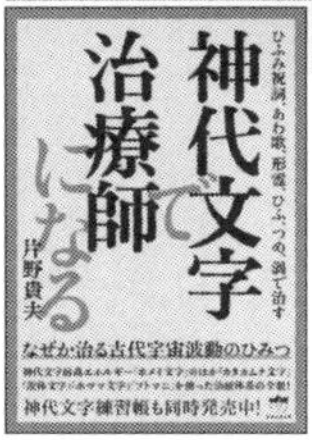

開発者・片野貴夫氏の本

空間の素粒子を集め、先端から放出する健康器具です。
フリーエネルギー技術を応用しています。

キャップをはずすと、木製の器具の内部には、特殊な銅線が配されています。

ナノレベルの微細な状態になるように特殊な処理を施し、空間からエネルギーを集める素材を塗布しています。
空間に充満する素粒子は、木を通過し、中の銅線に集まります。先端から大量の素粒子がプラズマのように凄まじい勢いで噴き出すと片野先生は考えています。

このウタヒはカタカムナの本質であり、ウタヒを唱えるということは、カタカムナを学ぶ上で最も重要な行為です。毎日唱えていると、カタカムナの仕組みが段々と鮮明になってきます。

今から12000年以上前に生きていたカタカムナ人は、厳しい環境の中で暮らしていたため、直感力に優れ、森羅万象と対話しながら暮らしていました。だからこそ、不安定な毎日であっても、彼らは全てと共存して、日々を楽しみながら生きていくことが可能だったのです。

現代は、暮らしこそ当時のようには戻れませんが、直感力を鍛えることで、感受性を高め、カタカムナ人のような生き方を送ることは可能です。

カードのウタヒを唱えることで、直感は鍛錬されていきます。ウタヒを毎日響かせることで、古代のカタカムナ人がそうだったように、波動量が上がり、直感力がみるみる高まり、思いがカタチになって現れるという不思議な現象も身の周りでどんどん起こるようになるでしょう。

潜象道塾主宰、カタカムナ研究家
芳賀俊一さんからのメッセージ

カタカムナのウタヒは正覚するための道具です。正覚するためには、まず松果体が鍛えられていないといけない。では、どのようにして松果体を鍛えるかというと、80首のウタヒを唱え、イマイマのヒビキを捉えることが大切です。とにかくウタヒを唱えて響かせていくうちに、松果体はひとりでに動いてくる。するとおのずから物事の仕組みがわかってきて、立派な言動ができるようになるのです。
また、カタカムナを体得するには「知意行一体」であることが必要です。知意行一体とは、「知」――現象の世界とそれを支える潜象界の仕組みを知る、「意」――その法則性に基づいて、自分のイノチをより良く生かすために意思を方向付ける、「行」――行う、実践する、という意味です。ウタヒを唱えることは「行」に当たります。だからまずは、ウタヒを唱えること。知識として知っているだけでは意味がありません。カタカムナは暮らしの中に生かしてこそ意味があるのです。
我々には厳しい環境を豊かな直感力で巧みに乗り越え、生き残った、カタカムナの祖先の智慧の詰まったDNAがあります。そのことを再認識して、本当のことを学び、心豊かで、コトダマの咲きあう美しいトキ・トコロを楽しんでほしい。

【お問い合わせ先】ヒカルランドパーク

ヒカルランド　ともはつよし社　好評既刊！

地上の星☆ヒカルランド　銀河より届く愛と叡智の宅配便

いろは・ひふみ呼吸書法の神秘
著者：山本光輝、建島恵美
四六ハード　本体 1,851円+税

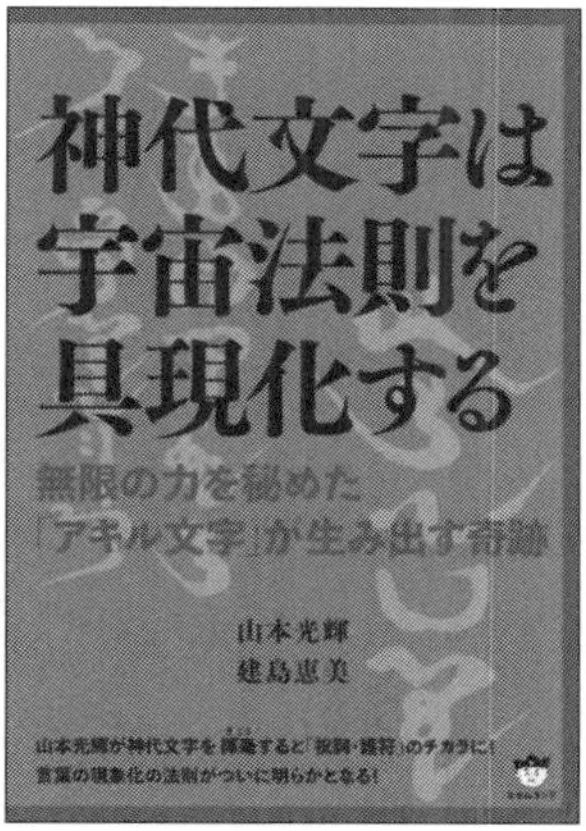

神代文字は宇宙法則を具現化する
著者：山本光輝、建島恵美
四六ハード　本体 1,815円+税

ともはつよし社の本

神一厘の仕組
人類一斉の仮死状態から蘇生する
［選ばれし者］が目にする新生地球とは！
孝明天皇と大本裏の神業《上》
伊達宗哲［著］
［大峠前の預言警告］→［大峠時の人類救済］→［大峠後の祭政一致の神政国家の樹立］
新天地創造までの大激変がわかりやすく解説された一冊
「天地のビックリ箱を開けて、神力を見せてやる」とは、
傾斜した地球の地軸を神力により元の位置に復元する宇宙的な大変動であった！

孝明天皇と大本裏の神業《上》
著者：伊達宗哲
本体 3,333円+税

神一厘の仕組
［試練の二十一世紀］を乗り越え、
宇宙の完成時代へと向かう旅が始まる！
孝明天皇と大本裏の神業《下》
伊達宗哲［著］
今後いかなる大変動が地球にもたらされようとも「救世は確約」されている……
大本裏の神業の核心的意義に迫る究極の一冊
大本裏の神業を生涯かけてやり遂げた集団は、神狂いの理解不能の奇人変人集団だったのだろうか、
妄想狂の人々だったのだろうか……本書を読めばその真実がわかる！

孝明天皇と大本裏の神業《下》
著者：伊達宗哲
本体 3,333円+税